2019

中国火炬统计年鉴

CHINA TORCH STATISTICAL YEARBOOK

科学技术部火炬高技术产业开发中心 编

Edited By
Torch High Technology Industry
Development Center
Ministry of Science & Technology

中国统计出版社
China Statistics Press

图书在版编目（CIP）数据

中国火炬统计年鉴. 2019 : 汉英对照 / 科学技术部火炬高技术产业开发中心编. -- 北京 : 中国统计出版社, 2019.11
ISBN 978-7-5037-9034-8

Ⅰ. ①中… Ⅱ. ①科… Ⅲ. ①高技术产业一统计资料一中国一2019一年鉴一汉、英 Ⅳ. ①F279.244.4-54

中国版本图书馆 CIP 数据核字(2019)第 219932 号

2019 中国火炬统计年鉴

作　　者/科学技术部火炬高技术产业开发中心
责任编辑/李　冲
封面设计/李雪燕
出版发行/中国统计出版社
通信地址/北京市丰台区西三环南路甲 6 号　邮政编码/100073
电　　话/邮购（010）63376909　书店（010）68783171
网　　址/http://www.zgtjcbs.com
印　　刷/北京联兴盛业印刷股份有限公司
经　　销/新华书店
开　　本/880×1230mm　1/16
字　　数/350 千字
印　　张/11.75
版　　别/2019 年 11 月第 1 版
版　　次/2019 年 11 月第 1 次印刷
定　　价/180.00 元

如有印装错误，由本社发行部负责调换。

《2019 中国火炬统计年鉴》
CHINA TORCH STATISTICAL YEARBOOK-2019

编者说明

《2019 中国火炬统计年鉴》是由科技部火炬高技术产业开发中心编撰的反映中国火炬计划、技术市场、全国生产力促进中心等相关内容的统计资料书。全书收录了全国各省、自治区、直辖市、计划单列市及副省级城市科技部门和各国家高新区 2018 年度的相关火炬统计数据。

全书内容分十一个部分。第一部分为国家高新技术产业开发区内企业的情况；第二部分为全国高新技术企业的情况；第三部分为科技企业孵化器的情况；第四部分为众创空间的情况；第五部分为国家大学科技园的发展情况；第六部分为火炬软件产业基地的发展情况；第七部分为火炬特色产业基地的发展情况；第八部分为创新型产业集群的发展情况；第九部分为全国技术市场发展情况；第十部分为全国生产力促进中心的发展情况；第十一部分为主要指标解释。

本书所涉及东部、中部、西部和东北地区的具体划分为：

东部地区：包括北京、天津、河北、上海、江苏、浙江、福建、山东、广东和海南等 10 个省(直辖市)；中部地区：包括山西、安徽、江西、河南、湖北和湖南等 6 个省；西部地区：包括内蒙古、广西、重庆、四川、贵州、云南、西藏、陕西、甘肃、青海、宁夏和新疆等 12 个省(自治区、直辖市)；东北地区：包括辽宁、吉林和黑龙江等 3 个省。

本书中使用的符号："空格"表示该项统计指标数据不足本表最小单位数、数据不详或无该数据；"#"表示其中的主要项；"/"表示数据未提供，"*"或"①"表示本表下有注解。

本书中因小数取舍而产生的误差均未做配平处理。

EDITOR'S NOTES

2019 China Torch Statistical Yearbook is prepared by Torch High Technology Industry Development Center. The yearbook, which covers related data of provinces, deputy provincial level cities and cities listed independently in the state plan, and National High Technology Industrial Development Zones of the year 2018, reports on the development status of China Torch Program, China's Technology Market and Productivity Promotion Centers.

The Yearbook contains the following eleven parts: 1.Development of National High Technology Industrial Development Zones (Hi-tech Zones) and its tenants; 2.Development of High Technology Enterprises; 3.Development of Technology Business Incubators; 4. Development of Mass Maker Spaces; 5. Development of National University Science Parks; 6. Development of Torch Program Software Industrial Bases; 7.Development of Torch Program Specialized Industrial Bases; 8.Development of Innovative Industrial Clusters; 9. Development of Technology Market; 10. Development of Productivity Promotion Centers; 11.Explanatory Notes of Indicators.

Eastern region, central region, western region and northeastern region in the Yearbook are divided as following:

Eastern region include 10 provinces (municipalities): Beijing, Tianjin, Hebei, Shanghai, Jiangsu, Zhejiang, Fujian, Shandong, Guangdong and Hainan; Central region include 6 provinces: Shanxi, Anhui, Jiangxi, Henan, Hubei and Hunan; Western region include 12 provinces (autonomous regions and municipalities): Inner Mongolia, Guangxi, Chongqing, Sichuan, Guizhou, Yunnan, Tibet, Shaanxi, Gansu, Qinghai, Ningxia and Xinjiang; Northeastern region include 3 provinces: Liaoning, Jilin and Heilongjiang.

Symbols used in this Yearbook: "blank space" indicates that the figure is not large enough to be measured with the smallest unit in the table, or data unknown, or not available; "#" indicates the major items of the total; "/" indicates that data are not available; and"*"or "①" indicates footnotes at the end of the table.

Statistical discrepancies due to rounding are not adjusted in the Yearbook.

目 录

Contents

第二部分　全国高新技术企业
THE SECOND PART　HIGH TECHNOLOGY ENTERPRISES IN CHINA

第三部分 科技企业孵化器
THE THIRD PART TECHNOLOGY BUSINESS INCUBATORS (TBIS)

第四部分 众创空间
THE FOURTH PART MASS MAKER SPACES

第五部分　国家大学科技园
THE FIFTH PART　NATIONAL UNIVERSITY SCIENCE PARKS

第六部分 国家火炬软件产业基地
THE SIXTH PART NATIONAL TORCH PROGRAM SOFTWARE INDUSTRIAL BASES

第七部分 国家火炬特色产业基地
THE SEVENTH PART NATIONAL TORCH SPECIALIZED INDUSTRIAL BASES

第八部分 创新型产业集群
THE EIGHTH PART INNOVATIVE INDUSTRIAL CLUSTERS

第九部分 全国技术市场
THE NINTH PART TECHNOLOGY MARKET IN CHINA

第十部分　全国生产力促进中心
THE TENTH PART　PRODUCTIVITY PROMOTION CENTERS (PPCS) IN CHINA

第十一部分　主要指标解释
THE ELEVENTH PART　EXPLANATORY NOTES ON MAIN INDICATORS

第一部分

国家高新技术产业开发区

The First Part

National High Technology Industrial Development Zones (National Hi-tech Zones)

1-1 高新区企业主要经济指标①

Main Economic Indicators of Enterprises in National Hi-tech Zones

年 份 Year	国家高新区数② (个) Number of National S & T Industrial Parks (unit)	入统企业数 (个) Number of Enterprises to Collect Data (unit)	年末从业人员 (万人) Year End Number of Employees (10000 person)	营业收入③ (亿元) Operating Revenue (100 million yuan)	工业总产值 (亿元) Gross Industrial Output Value (100 million yuan)	净利润 (亿元) Net Profit (100 million yuan)	上缴税额 (亿元) Taxes Submitted (100 million yuan)	出口创汇 (亿美元) Export (100 million USD)
1995	52	12980	99.1	1529.0	1402.6	107.4	69.0	29.3
1996	52	13722	129.1	2300.3	2142.3	140.5	97.7	43.0
1997	53	13681	147.5	3387.8	3109.2	206.6	143.3	64.8
1998	53	16097	183.7	4839.6	4333.6	256.2	220.8	85.3
1999	53	17498	221.0	6775.0	5944.0	398.7	338.6	119.0
2000	53	20796	250.9	9209.3	7942.0	597.0	460.2	185.8
2001	53	24293	294.3	11928.4	10116.8	644.6	640.4	226.6
2002	53	28338	348.7	15326.4	12937.1	801.1	766.4	329.2
2003	53	32857	395.4	20938.7	17257.4	1129.4	990.0	510.2
2004	53	38565	448.4	27466.3	22638.9	1422.8	1239.6	823.8
2005	53	41990	521.2	34415.6	28957.6	1603.2	1615.8	1116.5
2006	53	45828	573.7	43320.0	35899.0	2128.5	1977.1	1361.0
2007	54	48472	650.2	54925.2	44376.9	3159.3	2614.1	1728.1
2008	54	52632	716.5	65985.7	52684.7	3304.2	3198.7	2015.2
2009	56	53692	810.5	78706.9	61151.4	4465.4	3994.6	2007.2
2010	83	55243	960.3	105917.3	84318.2	6855.4	5446.8	2648.0
2011	88	57033	1073.6	133425.1	105679.6	8484.2	6816.7	3180.6
2012	105	63926	1269.5	165689.9	128603.9	10243.2	9580.5	3760.4
2013	114	71180	1460.2	199648.9	151367.6	12443.6	11043.1	4133.3
2014	115	74275	1527.2	226754.5	169936.9	15052.5	13202.1	4351.4
2015	146	82712	1719.0	253662.8	186018.3	16094.8	14240.0	4732.7
2016	146	91093	1805.9	276559.4	196838.7	18535.1	15609.3	4389.5
2017	156	103631	1940.7	307057.5	202826.6	21420.4	17251.2	4780.7
2018	169	120057	2091.6	346213.9	222525.5	23918.1	18650.5	5631.2

注：①本年鉴中高新区企业的各项指标指纳入火炬统计的高新区内企业的各项指标。
②苏州工业园区于2006年开始参加国家高新区创新活动并纳入火炬统计，但2006-2017年国家高新区整体数不包含苏州工业园区。从2018年起，国家高新区数据包含苏州工业园区数据。
③2014年进一步规范了报表制度指标及定义，增加了"营业收入"的指标，取消了"总收入"的指标。此列2014年以前所列数据为企业"总收入"汇总数据。

1-2 高新区企业主要经济指标(按地区分类)

Main Economic Indicators of Enterprises in National Hi-tech Zones by Region

地区	Region	国家高新区数量(个) Number of National Hi-tech Zones (unit)	工商注册企业数(个) Number of Registered Enterprises (unit)	入统企业数(个) Number of Enterprises to Collect Data (unit)	高新技术企业数(个) Number of Hi-tech Enterprises (unit)	年末从业人员(人) Year End Number of Employees (person)	营业收入(千元) Operating Revenue (1000 yuan)	工业总产值(千元) Gross Industrial Output Value (1000 yuan)
合　计	**Total**	**169**	**2317764**	**120057**	**62792**	**20915695**	**34621387919**	**22252550746**
东部地区	Eastern Region	70	1400421	76223	43123	12523830	21353861018	12566066647
中部地区	Middle Region	44	362409	20518	9969	3982781	6129418445	4671708105
西部地区	Western Region	39	434100	17388	7649	3399008	5403057012	3720632028
东北地区	Northeast Region	16	120834	5928	2051	1010076	1735051444	1294143967
北　京	Beijing	1	482799	22110	14330	2720575	5883089882	1112906069
天　津	Tianjin	1	25791	4251	1547	266048	417239452	186798085
河　北	Hebei	5	43309	2314	1031	323396	473624258	290412294
山　西	Shanxi	2	17018	1402	652	187171	281442698	207970709
内蒙古	Inner Mongolia	3	9302	615	180	167175	219172573	129340655
辽　宁	Liaoning	8	73243	2843	1291	436342	645827765	394981900
吉　林	Jilin	5	25933	2229	351	389078	747698343	649376769
黑龙江	Heilongjiang	3	21658	856	409	184656	341525336	249785297
上　海	Shanghai	2	42974	6190	4417	1172466	2208203844	1170335209
江　苏	Jiangsu	18	311599	13295	5330	2289024	3507705700	2932371106
浙　江	Zhejiang	8	152640	4990	2511	1016570	1547690726	1092144649
安　徽	Anhui	6	42167	2552	1616	476391	884950272	703125431
福　建	Fujian	7	19694	2858	1389	611993	774689829	730971021
江　西	Jiangxi	9	32823	1968	713	441543	795291049	734088145
山　东	Shandong	13	135144	5105	2130	1242840	2152341672	1692538766
河　南	Henan	7	60792	3770	1473	621139	692648232	469846601
湖　北	Hubei	12	154007	7567	3822	1469939	2440288274	1697209222
湖　南	Hunan	8	55602	3259	1693	786598	1034797920	859467998
广　东	Guangdong	14	184243	14878	10343	2840563	4342316533	3319175318
广　西	Guangxi	4	41989	2045	1226	484916	668616802	513708140
海　南	Hainan	1	2228	232	95	40355	46959123	38414131
重　庆	Chongqing	4	48506	2056	922	394595	490810594	417259374
四　川	Sichuan	8	167849	3654	1955	720867	1075683550	798650087
贵　州	Guizhou	2	14883	977	523	256798	286598664	161280715
云　南	Yunnan	3	20413	462	249	112529	317529313	216200178
西　藏	Tibet							
陕　西	Shaanxi	7	94946	5754	2005	830481	1595292092	1212850288
甘　肃	Gansu	2	8566	828	296	187272	265853197	145246065
青　海	Qinghai	1	740	99	49	11793	7496844	9890095
宁　夏	Ningxia	2	2413	153	18	24250	21616800	19069769
新　疆	Xinjiang	3	24493	745	226	208332	454386584	97136663

注：2016年报表制度进行了调整，出口的单位由千美元改为千元，后同。

1-2 续表 continued

单位：千元 (1000 yuan)

地 区	Region	净利润 Net Profit	上缴税费 Taxes Submitted	出口总额* Export	年末资产 Year End Assets	年末负债 Year End Liabilities
合 计	**Total**	**2391809612**	**1865050138**	**3726376526**	**52781747315**	**30143187468**
东部地区	Eastern Region	1507744972	1083694530	2682226175	34461756715	19506464291
中部地区	Middle Region	404694770	302646135	431952517	7834027293	4458750916
西部地区	Western Region	347213062	331378737	523851148	8439771517	5007516195
东北地区	Northeast Region	132156808	147330736	88346686	2046191789	1170456066
北 京	Beijing	366882371	284196756	208838719	12969579180	7400122697
天 津	Tianjin	16817148	18053269	39594370	812448903	484567998
河 北	Hebei	23338177	25497657	15059382	721311089	424452695
山 西	Shanxi	7915526	9368452	1401391	520271757	374931879
内 蒙 古	Inner Mongolia	8673648	9918291	7573423	309359673	187952475
辽 宁	Liaoning	39610306	35062578	58605727	801172794	408449231
吉 林	Jilin	79669363	77220894	14747663	783231030	473916868
黑 龙 江	Heilongjiang	12877140	35047264	14993295	461787966	288089968
上 海	Shanghai	214067926	130014689	257034341	4130713930	2090364623
江 苏	Jiangsu	248215547	178734616	847730188	4083100639	2129753981
浙 江	Zhejiang	121738883	90004183	176231226	2076994132	1118039079
安 徽	Anhui	65059832	62684216	98193003	1247797069	670992685
福 建	Fujian	50690492	33744000	151719351	779722935	405385885
江 西	Jiangxi	39282866	40009822	57163083	717262966	353894942
山 东	Shandong	133374027	110100095	184644449	2644097960	1583672574
河 南	Henan	37133484	31998619	36807338	947903026	535575060
湖 北	Hubei	192688641	114008357	162467620	2620977069	1476519873
湖 南	Hunan	62614420	44576669	75920082	1779815405	1046836476
广 东	Guangdong	330911822	207646332	799185687	6174343194	3834575260
广 西	Guangxi	34359170	24864395	65965131	1029802021	653098601
海 南	Hainan	1708578	5702934	2188461	69444754	35529500
重 庆	Chongqing	27193651	24149369	33317159	550816265	320681049
四 川	Sichuan	77329323	43733431	220549823	1540619331	952688692
贵 州	Guizhou	14021080	13032317	9078617	1027301144	603105517
云 南	Yunnan	11783339	51392961	2675874	464054610	253113053
西 藏	Tibet					
陕 西	Shaanxi	135758537	123487407	174633567	2149169678	1219528775
甘 肃	Gansu	10941763	21800091	5669413	408208230	253816531
青 海	Qinghai	367809	290710	117560	15534651	6953556
宁 夏	Ningxia	-15514	791370	1027105	54343534	34343687
新 疆	Xinjiang	26800255	17918395	3243477	890562380	522234258

1-3 各高新区企业主要经济指标

Main Economic Indicators of Enterprises in National Hi-tech Zones

地　区	Region	工商注册企业数（个）Number of Registered Enterprises (unit)	入统企业数（个）Number of Enterprises to Collect Data (unit)	高新技术企业数（个）Number of Hi-tech Enterprises (unit)	年末从业人员（人）Year End Number of Employees (person)	营业收入（千元）Operating Revenue (1000 yuan)	工业总产值（千元）Gross Industrial Output Value (1000 yuan)
合　计	**Total**	**2317764**	**120057**	**62792**	**20915695**	**34621387919**	**22252550746**
北京中关村	Beijing Zhongguancun	482799	22110	14330	2720575	5883089882	1112906069
天津滨海	Tianjin Binhai	25791	4251	1547	266048	417239452	186798085
石家庄	Shijiazhuang	18820	1305	485	146091	200031490	108004593
唐　山	Tangshan	4215	235	115	16634	12228091	11218064
保　定	Baoding	10062	492	317	116880	210386375	132560773
承　德	Chengde	2786	57	38	14551	15883630	14184703
燕　郊	Yanjiao	7426	225	76	29240	35094671	24444161
太　原	Taiyuan	11450	1324	607	145608	253615105	178832300
长　治	Changzhi	5568	78	45	41563	27827594	29138408
呼和浩特	Hohhot	549	27	10	59710	85513454	11528180
包　头	Baotou	8258	550	159	97801	119645123	100048821
鄂尔多斯	Erdos	495	38	11	9664	14013996	17763654
沈　阳	Shenyang	38699	827	394	108270	130940871	55037188
大　连	Dalian	18149	1275	595	181350	225712138	125444293
鞍　山	Anshan	2620	335	90	38797	75565790	66951010
本　溪	Benxi	1248	67	40	7599	4986007	4131031
锦　州	Jinzhou	2249	88	51	22110	28449776	23298403
营　口	Yingkou	6601	94	61	21870	39750987	39642550
阜　新	Fuxin	2745	114	34	17321	10702137	10929766
辽　阳	Liaoyang	932	43	26	39025	129720058	69547659
长　春	Changchun	11166	892	263	183109	544993163	486675078
长春净月	Changchun Jingyue	10171	678	46	112918	82027151	52623082
吉　林	Jilin	3112	389	25	70123	90922307	84298818
通　化	Tonghua	989	70	13	12088	12312407	10369114
延　吉	Yanji	495	200	4	10840	17443315	15410676
哈尔滨	Harbin	15800	451	240	96721	174039616	85396466
齐齐哈尔	Qiqihar	280	71	23	20100	20088183	20602471
大　庆	Daqing	5578	334	146	67835	147397537	143786360
上海张江	Shanghai Zhangjiang	40340	6012	4314	1143450	2143764229	1151487638
上海紫竹	Shanghai Zizhu	2634	178	103	29016	64439614	18847570
南　京	Nanjing	23604	2085	1086	319418	620333652	493819966
无　锡	Wuxi	37851	1063	433	270010	397683696	368716841
江　阴	Jiangyin	6264	360	135	87793	175185501	150155819
徐　州	Xuzhou	3847	184	75	52871	99329749	79106601
常　州	Changzhou	35712	1395	438	193506	270057389	240710612
武　进	Wujin	11053	505	275	133505	160167334	115558709
苏　州	Suzhou	35986	1320	515	239799	361769408	317520904
昆　山	Kunshan	31091	782	435	182504	171717846	152546023
苏州工	Suzhou Industrial Park	81145	2834	1030	291027	510193540	407220381
常　熟	Changshu	4790	468	137	73721	106070344	100687492
南　通	Nantong	5132	416	133	99907	254688887	141154031
连云港	Lianyungang	2519	152	59	54691	57484173	66029477

1-3 续表 1 continued

地 区	Region	工商注册企业数（个）Number of Registered Enterprises (unit)	入统企业数（个）Number of Enterprises to Collect Data (unit)	高新技术企业数（个）Number of Hi-tech Enterprises (unit)	年末从业人员（人）Year End Number of Employees (person)	营业收入（千元）Operating Revenue (1000 yuan)	工业总产值（千元）Gross Industrial Output Value (1000 yuan)
淮 安	Huaian	1741	197	42	23370	22979419	22283662
盐 城	Yancheng	5143	289	100	53414	44540199	37063100
扬 州	Yangzhou	3321	193	137	36309	40726283	41560499
镇 江	ZhenJiang	9595	467	175	56094	66599926	51760723
泰 州	Taizhou	10995	422	71	89793	115900100	113929444
宿 迁	Suqian	1810	163	54	31292	32278253	32546824
杭 州	Hangzhou	42120	2084	905	370393	642647096	359453279
萧山临江	Xiaoshan Linjiang	8991	441	107	74361	134629210	124763000
宁 波	Ningbo	40171	884	626	236264	393786189	268491650
温 州	Wenzhou	18024	490	300	101616	70546196	70050993
嘉 兴	Jiaxing	1968	148	74	60675	73140929	57737081
莫 干 山	Moganshan	4012	278	114	49015	56708620	49141871
绍 兴	Shaoxing	33747	353	150	57908	76700183	67599835
衢 州	Quzhou	3607	312	235	66338	99532302	94906939
合 肥	Hefei	31298	1512	1056	263946	500827791	364203400
芜 湖	Wuhu	2197	313	224	92109	135363648	122297884
蚌 埠	Bengbu	3956	377	175	65533	116557087	118094613
淮 南	Huainan	1726	74	16	5738	6313727	3601300
马鞍山慈湖	Ma'anshan Cihu	2795	195	101	38503	114598916	86123752
铜陵狮子山	Tongling Shizishan	195	81	44	10562	11289102	8804483
福 州	Fuzhou	2494	285	236	97566	120220151	101070183
厦 门	Xiamen	6565	1387	778	232397	324240101	279766417
莆 田	Putian	964	156	36	47673	65218254	65623947
三 明	Sanming	693	131	43	22705	44034562	51536412
泉 州	Quanzhou	3603	302	177	85057	81094905	92834685
漳 州	Zhangzhou	3323	434	86	94722	104000245	103611520
龙 岩	Longyan	2052	163	33	31873	35881611	36527856
南 昌	Nanchang	9038	521	307	139396	315346758	270112147
景 德 镇	Jingdezhen	1552	241	71	70927	88587349	80380321
九江共青城	Jiujiang Gongqing City	8793	158	25	18977	25158774	24747328
新 余	Xinyu	4212	244	56	66579	150825971	151764158
鹰 潭	Yingtan	2835	132	51	25814	50856916	50543727
赣 州	Ganzhou	501	144	48	16012	12837266	12491985
吉 安	Ji'an	385	152	39	35744	43985099	43658341
宜春丰城	Yichun Fengcheng	803	171	53	27747	49097621	48198081
抚 州	Fuzhou	4704	205	63	40347	58595293	52192055
济 南	Jinan	37837	1081	688	296108	512581033	354563451
青 岛	Qingdao	10444	574	496	155663	317074210	238593703
淄 博	Zibo	11752	462	166	118134	225960236	219259782
枣 庄	Zaozhuang	3728	151	12	29381	25082116	22715807
黄河三角洲	Huanghe Delta	273	28	2	3593	25218622	9135147
烟 台	Yantai	9390	313	133	55984	89700557	50170806
潍 坊	Weifang	16034	578	200	153258	368355875	248808856

1-3 续表 2 continued

地　区	Region	工商注册企业数(个) Number of Registered Enterprises (unit)	入统企业数(个) Number of Enterprises to Collect Data (unit)	高新技术企业数(个) Number of Hi-tech Enterprises (unit)	年末从业人员(人) Year End Number of Employees (person)	营业收入(千元) Operating Revenue (1000 yuan)	工业总产值(千元) Gross Industrial Output Value (1000 yuan)
济　宁	Jining	14167	607	111	166898	260630571	243348389
泰　安	Tai'an	5618	310	69	55036	58892613	56887388
威　海	Weihai	15629	306	151	124226	160125476	137939271
莱　芜	Laiwu	4218	145	30	14113	17899753	19003631
临　沂	Linyi	5556	375	54	51466	73270515	73741147
德　州	Dezhou	498	175	18	18980	17550095	18371387
郑　州	Zhengzhou	43054	1894	966	222132	245372362	116151405
洛　阳	Luoyang	5127	877	344	163710	185631955	140139359
平顶山	Pingdingshan	1918	108	30	27737	52245687	30930642
安　阳	Anyang	3268	328	31	67406	76691812	61827912
新　乡	Xinxiang	3238	265	59	52611	61851794	60551817
焦　作	Jiaozuo	1789	115	13	43154	41007068	36002680
南　阳	Nanyang	2398	183	30	44389	29847555	24242786
武　汉	Wuhan	73240	3235	2085	565641	1250807691	544284716
黄石大冶湖	Huangshi Dayehu	13680	586	147	109380	103813704	98564395
宜　昌	Yichang	8610	336	266	125024	151675925	117039880
襄　阳	Xiangyang	13996	882	247	185189	334053152	324369095
荆　门	Jingmen	9988	524	231	117554	159500952	165463139
孝　感	Xiaogan	8649	505	182	100751	136908349	123189466
荆　州	Jingzhou	465	87	16	10569	8785295	8431599
黄　冈	Huanggang	4897	301	242	49390	44234852	49183444
咸　宁	Xianning	9551	421	212	67032	91267520	110380036
随　州	Suizhou	2850	272	90	50891	62967296	66157209
仙　桃	Xiantao	1717	336	77	77408	64339181	64491043
潜　江	Qianjiang	6364	82	27	11110	31934357	25655201
长　沙	Changsha	26637	1507	1029	342171	429122738	332895788
株　洲	Zhuzhou	8940	349	221	166617	231120478	190225812
湘　潭	Xiangtan	3056	333	113	97030	141363945	134435585
衡　阳	Hengyang	7552	185	68	58501	75927463	50646679
常　德	Changde	795	331	68	42402	42172644	42379347
益　阳	Yiyang	4447	365	85	47040	77846932	75278755
郴　州	Chenzhou	1341	93	48	20510	26417395	24391422
怀　化	Huaihua	2834	96	61	12327	10826325	9214609
广　州	Guangzhou	72888	4445	3544	669540	1054078110	688082002
深　圳	Shenzhen	39123	3794	2291	762455	1315555184	822598584
珠　海	Zhuhai	6651	1254	878	243227	277287186	213220048
汕　头	Shantou	2481	377	267	37718	33188428	26744038
佛　山	Foshan	6359	1799	1508	351983	428717821	396528497
江　门	Jiangmen	6119	533	375	105228	104647864	103235063
湛　江	Zhanjiang	5084	64	37	24573	69737774	70057753
茂　名	Maoming	1945	136	84	19356	29915694	29234215
肇　庆	Zhaoqing	1940	221	125	55462	52293736	51458516

1-3 续表 3 continued

地　区	Region	工商注册企业数（个）Number of Registered Enterprises (unit)	入统企业数（个）Number of Enterprises to Collect Data (unit)	高新技术企业数（个）Number of Hi-tech Enterprises (unit)	年末从业人员（人）Year End Number of Employees (person)	营业收入（千元）Operating Revenue (1000 yuan)	工业总产值（千元）Gross Industrial Output Value (1000 yuan)
惠　州	Huizhou	17169	538	355	192560	243912755	241754946
源　城	Yuancheng	1031	127	45	49524	50002884	48361589
清　远	Qingyuan	2492	200	106	68956	62877536	53864035
东　莞	Dongguan	7518	674	298	107974	457479516	426907810
中　山	Zhongshan	13443	716	430	152007	162622047	147128222
南　宁	Nanning	23719	883	519	193957	261175376	130206320
柳　州	Liuzhou	3393	475	436	113574	231576260	212497174
桂　林	Guilin	14345	583	233	136130	101232536	102669741
北　海	Beihai	532	104	38	41255	74632629	68334905
海　口	Haikou	2228	232	95	40355	46959123	38414131
重　庆	Chongqing	40575	1339	671	233492	315736132	250707421
璧　山	Bishan	6682	252	134	60784	46848279	51481437
荣　昌	Rongchang	517	151	32	28786	27809513	28674617
永　川	Yongchuan	732	314	85	71533	100416671	86395899
成　都	Chengdu	143509	2168	1578	396449	636098034	425990242
自　贡	Zigong	8863	254	42	38268	47527024	48440342
攀枝花	Panzhihua	487	106	11	17721	37651320	41103162
泸　州	Luzhou	1821	372	85	51366	74918808	58847849
德　阳	Deyang	1588	204	40	32563	59580640	60072917
绵　阳	Mianyang	9610	229	112	117834	140459076	85340118
内　江	Neijiang	1133	112	32	16856	21840437	23067195
乐　山	Leshan	838	209	55	49810	57608210	55788261
贵　阳	Guiyang	14501	850	480	231302	262808993	135175893
安　顺	Anshun	382	127	43	25496	23789671	26104821
昆　明	Kunming	12083	300	190	77225	209564100	108663208
玉　溪	Yuxi	3037	89	31	25700	88589796	88806456
楚　雄	Chuxiong	5293	73	28	9604	19375416	18730514
西　安	Xi'an	69061	4312	1743	529887	1150560248	824999210
宝　鸡	Baoji	10831	673	145	163958	211971606	206666946
杨　凌	Yangling	6071	228	25	28098	26001360	16512553
咸　阳	Xianyang	979	94	36	25919	50941122	46989144
渭　南	Weinan	1754	106	19	22655	46439853	31544867
榆　林	Yulin	4020	102	19	34351	75823105	53840036
安　康	Ankang	2230	239	18	25613	33554797	32297531
兰　州	Lanzhou	7961	627	234	127797	174816009	82274676
白　银	Baiyin	605	201	62	59475	91037188	62971390
青　海	Qinghai	740	99	49	11793	7496844	9890095
银　川	Yinchuan	2339	94	4	10738	9464973	7708653
石嘴山	Shizuishan	74	59	14	13512	12151826	11361116
乌鲁木齐	Urumqi	22906	520	183	178146	390167469	48823075
昌　吉	Changji	1017	194	27	12286	22977895	17479356
新疆兵团	Xinjiang Corps	570	31	16	17900	41241219	30834232

1-3 续表 4 continued

单位：千元 (1000 yuan)

地　　区	Region	净利润 Net Profit	上缴税费 Taxes Submitted	出口总额 Export	年末资产 Year End Assets	年末负债 Year End Liabilities
合　　计	**Total**	**2391809612**	**1865050138**	**3726376526**	**52781747315**	**30143187468**
北京中关村	Beijing Zhongguancun	366882371	284196756	208838719	12969579180	7400122697
天津滨海	Tianjin Binhai	16817148	18053269	39594370	812448903	484567998
石 家 庄	Shijiazhuang	14862586	11419531	8219265	366830801	194615806
唐　　山	Tangshan	833748	889310	524077	19138054	8581954
保　　定	Baoding	6810386	10735938	5373014	265203911	173792586
承　　德	Chengde	483327	774278	167820	21075828	12631018
燕　　郊	Yanjiao	348130	1678600	775205	49062496	34831331
太　　原	Taiyuan	5503413	5825838	1347003	445155654	326892678
长　　治	Changzhi	2412113	3542614	54389	75116103	48039201
呼和浩特	Hohhot	6635298	5718822	1250026	55529447	24731520
包　　头	Baotou	2747325	3616684	2965892	196122486	122241691
鄂尔多斯	Erdos	-708976	582785	3357505	57707740	40979264
沈　　阳	Shenyang	6432599	4612787	9525261	205514564	95606716
大　　连	Dalian	12451321	10814771	32262615	285105378	151853944
鞍　　山	Anshan	9972843	6108854	4015805	65630347	34719430
本　　溪	Benxi	102448	490996	429786	9268710	4875016
锦　　州	Jinzhou	1428592	1435633	2989373	32046858	18876213
营　　口	Yingkou	5272454	1115873	7272071	51670141	25487304
阜　　新	Fuxin	572222	421036	1169884	22617215	14890614
辽　　阳	Liaoyang	3377826	10062629	940933	129319580	62139994
长　　春	Changchun	62126171	51216028	11936242	430251378	254722223
长春净月	Changchun Jingyue	11452711	4593322	1244360	229054991	164640573
吉　　林	Jilin	4042435	12223829	859701	67131925	29873582
通　　化	Tonghua	1767340	1157329	441161	32647444	13025088
延　　吉	Yanji	280705	8030385	266200	24145292	11655401
哈 尔 滨	Harbin	4711631	11776643	11072147	320935411	203679323
齐齐哈尔	Qiqihar	530785	1364048	879923	32194978	22204237
大　　庆	Daqing	7634724	21906573	3041225	108657576	62206408
上海张江	Shanghai Zhangjiang	204197327	124309893	248250908	4000974056	2027189982
上海紫竹	Shanghai Zizhu	9870599	5704796	8783434	129739874	63174641
南　　京	Nanjing	37092766	33866918	74089812	772779422	396402977
无　　锡	Wuxi	29614901	19311211	154610290	435988499	184691351
江　　阴	Jiangyin	7650162	6392052	27920955	188295819	89541836
徐　　州	Xuzhou	7470464	4201529	3847278	56352889	25731864
常　　州	Changzhou	18915786	10737633	44155907	315326690	167041556
武　　进	Wujin	18944319	11239503	22184528	404861282	286000894
苏　　州	Suzhou	17676374	12015922	183302562	372507702	197076580
昆　　山	Kunshan	9138104	7172920	56337650	199663449	103279735
苏 州 工	Suzhou Industrial Park	40211600	34821256	191028392	627322456	315747093
常　　熟	Changshu	5373556	4453331	25944013	124819205	63327966
南　　通	Nantong	28856251	11709701	35209043	136017642	69383182
连 云 港	Lianyungang	11887045	7983744	3092411	79459981	29208051

单位：千元 (1000 yuan)

地 区	Region	净利润 Net Profit	上缴税费 Taxes Submitted	出口总额 Export	年末资产 Year End Assets	年末负债 Year End Liabilities
淮 安	Huaian	1238238	1177584	1004180	26750359	12816338
盐 城	Yancheng	3240389	1566795	2233606	38775922	23207485
扬 州	Yangzhou	2814436	2505719	4086208	48323747	28547078
镇 江	ZhenJiang	1791249	2024070	6863587	94121229	61501439
泰 州	Taizhou	5301898	6475730	8357593	123127101	57639113
宿 迁	Suqian	998009	1078997	3462174	38607245	18609442
杭 州	Hangzhou	56841783	40150772	46173875	972156887	553281122
萧山临江	Xiaoshan Linjiang	5171952	5665094	5968429	215893557	155612103
宁 波	Ningbo	30321038	27043606	60900240	447280448	214731643
温 州	Wenzhou	5562784	3965099	10268085	76952147	36175908
嘉 兴	Jiaxing	9122602	3803856	16886577	99678481	33535435
莫 干 山	Moganshan	4018724	2512621	12415716	77875176	31854734
绍 兴	Shaoxing	3786468	2751879	14584113	86676322	43671958
衢 州	Quzhou	6913531	4111256	9034192	100481114	49176175
合 肥	Hefei	44769894	44587439	76737524	664122544	312976390
芜 湖	Wuhu	7499835	5833414	12673044	227965268	133321376
蚌 埠	Bengbu	7546136	8522463	2831690	202107780	135230134
淮 南	Huainan	340885	175251	6580	18535174	7200931
马鞍山慈湖	Ma'anshan Cihu	4498359	3162176	5383029	124622399	77002397
铜陵狮子山	Tongling Shizishan	404723	403473	561136	10443904	5261457
福 州	Fuzhou	9238274	5219513	15919436	136292636	62820385
厦 门	Xiamen	17008093	15267723	107696912	342447415	184802902
莆 田	Putian	5125597	1659330	4240374	43141689	19085781
三 明	Sanming	1172629	634488	1324246	28965343	17017156
泉 州	Quanzhou	5149764	3646194	6658434	113892254	57149219
漳 州	Zhangzhou	10108382	5724542	14382284	75024503	41710058
龙 岩	Longyan	2887753	1592209	1497665	39959095	22800383
南 昌	Nanchang	14411698	23980624	24247206	283043853	141999128
景 德 镇	Jingdezhen	1788324	2431600	8450599	111082502	78658344
九江共青城	Jiujiang Gongqing City	1535643	383323	1328947	32016931	9308330
新 余	Xinyu	8221403	3969401	7737976	127588045	55535381
鹰 潭	Yingtan	2693753	1638729	1646987	36643689	8482869
赣 州	Ganzhou	773662	535205	1631541	14838991	9080809
吉 安	Ji'an	2968949	1292834	8666987	20633545	7510824
宜春丰城	Yichun Fengcheng	2948463	2650542	1215662	34031774	17874786
抚 州	Fuzhou	3940970	3127564	2237177	57383637	25444472
济 南	Jinan	31083649	28228226	43348904	708779686	448173867
青 岛	Qingdao	23636789	16561167	36493880	522412939	332090283
淄 博	Zibo	12406046	23985351	15369459	200052822	102098629
枣 庄	Zaozhuang	1501522	1008340	1419889	40666617	26396790
黄河三角洲	Huanghe Delta	-36242	459479	19331	19254689	17841485
烟 台	Yantai	5178878	4795189	6805486	115091012	68983774
潍 坊	Weifang	23445631	12929865	23138249	404161891	258570448

1-3 续表 6 continued

单位：千元 (1000 yuan)

地 区	Region	净利润 Net Profit	上缴税费 Taxes Submitted	出口总额 Export	年末资产 Year End Assets	年末负债 Year End Liabilities
济 宁	Jining	13570147	8877875	15135213	256755656	132944520
泰 安	Tai'an	3905576	2210066	2588756	105120018	68273161
威 海	Weihai	13654258	8559992	34466539	186273331	79788319
莱 芜	Laiwu	658844	374886	1157215	19781277	10025367
临 沂	Linyi	4158993	1510577	2584843	30702802	15506424
德 州	Dezhou	209935	599082	2116683	35045221	22979507
郑 州	Zhengzhou	13477701	9538124	15749896	361018290	216330594
洛 阳	Luoyang	3475945	9358421	9315740	307475410	171609428
平 顶 山	Pingdingshan	1686192	1374829	1995557	79205163	46265770
安 阳	Anyang	4341477	7183480	2473482	83955217	53597263
新 乡	Xinxiang	9771254	2394481	4803295	49625652	15332944
焦 作	Jiaozuo	2212176	734280	291481	20479464	9127000
南 阳	Nanyang	2168739	1415004	2177887	46143830	23312061
武 汉	Wuhan	101097712	64053046	113515163	1481833639	860643440
黄石大冶湖	Huangshi Dayehu	6478064	3533554	4167493	191693314	101396975
宜 昌	Yichang	10811406	6708792	12027725	237731789	147364683
襄 阳	Xiangyang	30225303	15071143	7185238	248277101	132462967
荆 门	Jingmen	15151890	6184577	6578615	132176225	62034218
孝 感	Xiaogan	6898967	6949435	2298002	91072509	49117280
荆 州	Jingzhou	164830	284462	657410	12051119	7285751
黄 冈	Huanggang	2533911	2871572	1777921	45848881	24444936
咸 宁	Xianning	11898784	4223519	2229456	68235811	30324460
随 州	Suizhou	3846505	1752095	3283093	46680264	24792690
仙 桃	Xiantao	2711444	1768033	7652638	45734184	23392951
潜 江	Qianjiang	869827	608129	1094865	19642235	13259524
长 沙	Changsha	36090383	21860194	42090981	906295673	540094498
株 洲	Zhuzhou	10421793	10441349	9165427	466981260	270139579
湘 潭	Xiangtan	6417176	4779111	4522117	134897246	80047880
衡 阳	Hengyang	2966878	2696420	9287852	131615525	78445951
常 德	Changde	2735057	1054512	1018729	54547985	28888520
益 阳	Yiyang	2980020	2691244	3658603	39623923	20070568
郴 州	Chenzhou	542387	546257	6135940	32250172	20280147
怀 化	Huaihua	460726	507582	40435	13603620	8869333
广 州	Guangzhou	80751389	56635499	116390055	1346423221	648707237
深 圳	Shenzhen	130937719	66865313	153013495	2788341118	1998633863
珠 海	Zhuhai	29744741	17368199	76696331	472739383	287807162
汕 头	Shantou	2329812	1472647	4490574	51418752	23268901
佛 山	Foshan	26846254	19109868	54656221	377956720	206228594
江 门	Jiangmen	5129793	4819136	31492269	99257523	44923468
湛 江	Zhanjiang	6437660	2321065	4702264	104768921	56877882
茂 名	Maoming	1996643	1348952	1502934	21300391	9771771
肇 庆	Zhaoqing	1346234	2102798	5937701	56391322	31664805

1-3 续表 7 continued

单位：千元 (1000 yuan)

地　区	Region	净利润 Net Profit	上缴税费 Taxes Submitted	出口总额 Export	年末资产 Year End Assets	年末负债 Year End Liabilities
惠　州	Huizhou	16818610	10150261	123971499	258067038	136364420
源　城	Yuancheng	1656939	1482963	9235434	36422150	22591245
清　远	Qingyuan	3558604	2405962	7059524	90454059	63976873
东　莞	Dongguan	17494247	15181188	144679002	296436322	208950481
中　山	Zhongshan	5863178	6382479	65358384	174366274	94808560
南　宁	Nanning	12760501	7229770	39165882	681972802	429212535
柳　州	Liuzhou	7023916	10292427	4259299	187698942	132196100
桂　林	Guilin	6872750	5961973	7838966	120214414	68229144
北　海	Beihai	7702003	1380225	14700984	39915863	23460822
海　口	Haikou	1708578	5702934	2188461	69444754	35529500
重　庆	Chongqing	13344362	15895413	23367910	400632639	238804490
璧　山	Bishan	3102715	1575951	5523336	37174608	22765905
荣　昌	Rongchang	2370368	1818643	878354	18677688	6413276
永　川	Yongchuan	8376207	4859362	3547559	94331331	52697378
成　都	Chengdu	56316563	27419694	192153615	1081878313	672312161
自　贡	Zigong	2003566	2338514	3358912	64611169	40353300
攀枝花	Panzhihua	3520379	1943588	555211	30045127	23743428
泸　州	Luzhou	5050565	3040727	1724752	60099828	33145469
德　阳	Deyang	4435243	1882492	1929111	32544387	20601540
绵　阳	Mianyang	1569340	3964115	14967733	187986342	123725858
内　江	Neijiang	1475426	970959	1216356	10796078	5490136
乐　山	Leshan	2958241	2173344	4644134	72658087	33316801
贵　阳	Guiyang	11973626	12057992	8076954	989938947	578934060
安　顺	Anshun	2047454	974325	1001663	37362197	24171457
昆　明	Kunming	5374012	7259746	1182045	297597299	215210779
玉　溪	Yuxi	5989043	43821327	1466046	153750096	30837319
楚　雄	Chuxiong	420284	311889	27783	12707215	7064954
西　安	Xi'an	95862581	83117564	159541182	1534919927	901274468
宝　鸡	Baoji	9300719	13354605	7809592	200465218	121370402
杨　凌	Yangling	1766574	1132109	225565	44637674	28156418
咸　阳	Xianyang	3579122	9746051	3020528	93052048	41702621
渭　南	Weinan	2458912	1676675	1909604	72555026	34075493
榆　林	Yulin	16802148	12744899	1881063	178171740	82123982
安　康	Ankang	5988481	1715505	246033	25368044	10825391
兰　州	Lanzhou	10218714	18765947	4773588	299054881	183337028
白　银	Baiyin	723050	3034144	895825	109153349	70479503
青　海	Qinghai	367809	290710	117560	15534651	6953556
银　川	Yinchuan	-670676	299475	228167	33585053	21778444
石嘴山	Shizuishan	655163	491895	798938	20758481	12565242
乌鲁木齐	Urumqi	25161198	14494157	1571211	765153293	454477174
昌　吉	Changji	-893018	766693	1549500	54039303	24119645
新疆兵团	Xinjiang Corps	2532076	2657546	122766	71369784	43637439

1-4 各高新区企业收入情况

Revenue Statistics of Enterprises in National Hi-tech Zones

单位：千元 (1000 yuan)

地　区	Region	营业收入 Operating Revenue	技术收入 Technical Income	产品销售收入 Product Sales Income	商品销售收入 Commodity Sales Income
合　计	**Total**	**34621387919**	**3928409768**	**24722981560**	**3514728173**
北京中关村	Beijing Zhongguancun	5883089882	1117428491	1705874791	1787797072
天津滨海	Tianjin Binhai	417239452	64709105	250348105	79917103
石家庄	Shijiazhuang	200031490	38625828	131586777	23398200
唐　山	Tangshan	12228091	445826	11157844	386613
保　定	Baoding	210386375	1429342	194860969	8674465
承　德	Chengde	15883630	403002	15121615	6158
燕　郊	Yanjiao	35094671	825993	29813364	203257
太　原	Taiyuan	253615105	11011412	232110307	3632262
长　治	Changzhi	27827594	45050	27057087	56536
呼和浩特	Hohhot	85513454	137682	84500927	
包　头	Baotou	119645123	9204491	106285114	916140
鄂尔多斯	Erdos	14013996	217936	13088055	2507
沈　阳	Shenyang	130940871	39276397	66162600	23555142
大　连	Dalian	225712138	38317858	150587276	12569519
鞍　山	Anshan	75565790	6194350	68230787	200051
本　溪	Benxi	4986007	101485	4554715	267768
锦　州	Jinzhou	28449776	183723	24697718	2549686
营　口	Yingkou	39750987	76891	38629474	108549
阜　新	Fuxin	10702137	146451	10406530	18861
辽　阳	Liaoyang	129720058	6838	69578691	58757032
长　春	Changchun	544993163	16855571	488968720	32021655
长春净月	Changchun Jingyue	82027151	18730095	61968285	392187
吉　林	Jilin	90922307	619924	85708866	5923
通　化	Tonghua	12312407	2928	8983262	3193941
延　吉	Yanji	17443315	67672	16870643	219936
哈尔滨	Harbin	174039616	23332616	139900119	7727426
齐齐哈尔	Qiqihar	20088183	58807	18989217	4111
大　庆	Daqing	147397537	3279767	139377967	3774983
上海张江	Shanghai Zhangjiang	2143764229	361456739	1482414211	183626836
上海紫竹	Shanghai Zizhu	64439614	15291032	37947239	4351142
南　京	Nanjing	620333652	33391148	538241225	29063836
无　锡	Wuxi	397683696	11880145	374106562	4853872
江　阴	Jiangyin	175185501	2413448	143492806	3941607
徐　州	Xuzhou	99329749	167928	98363294	199095
常　州	Changzhou	270057389	44421935	221830377	992740
武　进	Wujin	160167334	2931505	111930020	41643679
苏　州	Suzhou	361769408	15685982	327887130	11122305
昆　山	Kunshan	171717846	2016410	159576196	6163661
苏州工	Suzhou Industrial Park	510193540	30029186	389660215	30723087
常　熟	Changshu	106070344	1272639	102004272	984502
南　通	Nantong	254688887	6354109	242435318	4131484
连云港	Lianyungang	57484173	169492	56531266	565117

1-4 续表 1 continued

单位：千元 (1000 yuan)

地 区	Region	营业收入 Operating Revenue	技术收入 Technical Income	产品销售收入 Product Sales Income	商品销售收入 Commodity Sales Income
淮 安	Huaian	22979419	22655	22843446	59320
盐 城	Yancheng	44540199	1429486	39975639	2498880
扬 州	Yangzhou	40726283	962913	37359602	120909
镇 江	ZhenJiang	66599926	1275707	55247126	947342
泰 州	Taizhou	115900100	2463608	108351284	3763502
宿 迁	Suqian	32278253	177664	28727739	2654613
杭 州	Hangzhou	642647096	186320140	396219294	42598469
萧山临江	Xiaoshan Linjiang	134629210	1089084	124776252	785097
宁 波	Ningbo	393786189	17789997	275829312	86054064
温 州	Wenzhou	70546196	2614829	66702148	419824
嘉 兴	Jiaxing	73140929	388796	64167970	3932954
莫 干 山	Moganshan	56708620	1149601	53333327	1329912
绍 兴	Shaoxing	76700183	513367	68902029	2419429
衢 州	Quzhou	99532302	119362	95206521	1268818
合 肥	Hefei	500827791	113438705	374414673	4445942
芜 湖	Wuhu	135363648	1980212	123848569	2345475
蚌 埠	Bengbu	116557087	1741764	109917228	1416307
淮 南	Huainan	6313727	115667	3576389	121457
马鞍山慈湖	Ma'anshan Cihu	114598916	13753024	91781174	189299
铜陵狮子山	Tongling Shizishan	11289102	145449	9909032	233639
福 州	Fuzhou	120220151	18690387	97339611	1834164
厦 门	Xiamen	324240101	11473715	288209021	16798208
莆 田	Putian	65218254	96263	64927408	153811
三 明	Sanming	44034562		43334643	537012
泉 州	Quanzhou	81094905	915845	74766424	1556298
漳 州	Zhangzhou	104000245	186953	101905565	152422
龙 岩	Longyan	35881611	36440	35192594	311680
南 昌	Nanchang	315346758	15475835	291376181	2374715
景 德 镇	Jingdezhen	88587349	3195657	84346031	45272
九江共青城	Jiujiang Gongqing City	25158774	129811	24890919	127483
新 余	Xinyu	150825971	1018618	148933642	477902
鹰 潭	Yingtan	50856916	176004	50428335	187616
赣 州	Ganzhou	12837266	184205	12441226	153562
吉 安	Ji'an	43985099	4543	43577025	329595
宜春丰城	Yichun Fengcheng	49097621	56342	48169953	506561
抚 州	Fuzhou	58595293	1355038	56106836	847315
济 南	Jinan	512581033	63692667	437750484	2777925
青 岛	Qingdao	317074210	35976647	267321362	4688108
淄 博	Zibo	225960236	9189616	210346283	2416530
枣 庄	Zaozhuang	25082116	41919	24286877	68658
黄河三角洲	Huanghe Delta	25218622	5980	21654573	3414994
烟 台	Yantai	89700557	290072	86770100	412439
潍 坊	Weifang	368355875	2380954	351280217	987120

1-4 续表 2 continued

单位：千元 (1000 yuan)

地 区	Region	营业收入 Operating Revenue	技术收入 Technical Income	产品销售收入 Product Sales Income	商品销售收入 Commodity Sales Income
济 宁	Jining	260630571	722455	243361543	10148337
泰 安	Tai'an	58892613	1899113	49095142	5140304
威 海	Weihai	160125476	12175636	144618467	1608185
莱 芜	Laiwu	17899753	103148	17333547	229176
临 沂	Linyi	73270515	122876	72919317	105861
德 州	Dezhou	17550095	4886	16843824	111379
郑 州	Zhengzhou	245372362	36940599	190677009	11814412
洛 阳	Luoyang	185631955	5171317	173090913	1238469
平 顶 山	Pingdingshan	52245687	353890	35345023	126273
安 阳	Anyang	76691812	613726	74045122	951829
新 乡	Xinxiang	61851794	383439	60689372	142125
焦 作	Jiaozuo	41007068	1064724	38751359	809798
南 阳	Nanyang	29847555	2628442	24992695	1501616
武 汉	Wuhan	1250807691	333819350	746212332	102398665
黄石大冶湖	Huangshi Dayehu	103813704	591858	98150157	638100
宜 昌	Yichang	151675925	14706144	128659910	628118
襄 阳	Xiangyang	334053152	24142471	304919745	928769
荆 门	Jingmen	159500952	3016267	153114025	1733233
孝 感	Xiaogan	136908349	722937	134947869	599997
荆 州	Jingzhou	8785295	174702	7970579	144039
黄 冈	Huanggang	44234852	123930	43121607	466858
咸 宁	Xianning	91267520	2937691	85606098	1536882
随 州	Suizhou	62967296	293	59294392	2408349
仙 桃	Xiantao	64339181	971023	62750464	332481
潜 江	Qianjiang	31934357	14124	31056528	552901
长 沙	Changsha	429122738	50070791	326216604	38229473
株 洲	Zhuzhou	231120478	6286028	205349080	13555432
湘 潭	Xiangtan	141363945	11920958	122082408	668417
衡 阳	Hengyang	75927463	7301359	63254462	141514
常 德	Changde	42172644	144010	40212131	1141647
益 阳	Yiyang	77846932	5869097	71298040	433193
郴 州	Chenzhou	26417395	135455	25403456	149584
怀 化	Huaihua	10826325	596673	9482762	156306
广 州	Guangzhou	1054078110	139289645	855853223	21394777
深 圳	Shenzhen	1315555184	303369889	888704343	65067169
珠 海	Zhuhai	277287186	11734698	237595725	7732077
汕 头	Shantou	33188428	1268292	30384975	986002
佛 山	Foshan	428717821	17263028	380964561	20771822
江 门	Jiangmen	104647864	437699	100029985	2121694
湛 江	Zhanjiang	69737774	366781	67665579	542268
茂 名	Maoming	29915694	1007550	27239283	1067423
肇 庆	Zhaoqing	52293736	143558	51506473	94820

1-4 续表 3 continued

单位：千元 (1000 yuan)

地　区	Region	营业收入 Operating Revenue	技术收入 Technical Income	产品销售收入 Product Sales Income	商品销售收入 Commodity Sales Income
惠　州	Huizhou	243912755	10237379	221992883	1625215
源　城	Yuancheng	50002884	327203	47381309	31080
清　远	Qingyuan	62877536	2230312	55424981	1188997
东　莞	Dongguan	457479516	3522223	431752718	5512844
中　山	Zhongshan	162622047	2134738	147644499	9775016
南　宁	Nanning	261175376	56672275	193159337	2551885
柳　州	Liuzhou	231576260	8769722	208533706	416785
桂　林	Guilin	101232536	9957197	81874682	6688435
北　海	Beihai	74632629	380211	72689847	1001585
海　口	Haikou	46959123	1638193	40052186	4344401
重　庆	Chongqing	315736132	18454845	274973097	12242604
璧　山	Bishan	46848279	606011	45012743	396886
荣　昌	Rongchang	27809513	97782	27267207	349421
永　川	Yongchuan	100416671	775133	94775513	2884875
成　都	Chengdu	636098034	120936907	468728582	36143047
自　贡	Zigong	47527024	617422	45572232	349051
攀枝花	Panzhihua	37651320	323460	35851963	795821
泸　州	Luzhou	74918808	1273268	70333490	2641428
德　阳	Deyang	59580640	165050	58707590	397734
绵　阳	Mianyang	140459076	934620	137438593	1008302
内　江	Neijiang	21840437	1208891	18786634	1001511
乐　山	Leshan	57608210	221508	52382059	4284531
贵　阳	Guiyang	262808993	23002360	194067432	21262052
安　顺	Anshun	23789671	272158	22903835	331914
昆　明	Kunming	209564100	8150965	133366205	65264296
玉　溪	Yuxi	88589796	124571	70858821	4844552
楚　雄	Chuxiong	19375416	115971	19025261	115126
西　安	Xi'an	1150560248	168564113	781799772	79298683
宝　鸡	Baoji	211971606	1595433	160516817	38941808
杨　凌	Yangling	26001360	2331376	17673805	1080770
咸　阳	Xianyang	50941122	3303948	44619480	719038
渭　南	Weinan	46439853	55824	27042291	18400255
榆　林	Yulin	75823105	4039687	66156521	4749020
安　康	Ankang	33554797	7334723	13926183	8712825
兰　州	Lanzhou	174816009	16527449	116325922	8126277
白　银	Baiyin	91037188	42261	89356214	263938
青　海	Qinghai	7496844	55620	7385235	28828
银　川	Yinchuan	9464973	9424	8196969	1006239
石嘴山	Shizuishan	12151826	6292	11747576	10069
乌鲁木齐	Urumqi	390167469	19220906	57936638	262104501
昌　吉	Changji	22977895	250806	19706834	2549214
新疆兵团	Xinjiang Corps	41241219	28210	30939747	9252845

1-5 各高新区企业人员情况
Personnel Statistics of Enterprises in National Hi-tech Zones

单位：人 (person)

地 区	Region	年末从业人员 Year End Number of Employees	留学归国人员 Returned Overseas Scholars	外籍常驻人员 Foreign Personnel in Residence	大专以上 College and Higher Level
合 计	**Total**	**20915695**	**163121**	**72500**	**12060956**
北京中关村	Beijing Zhongguancun	2720575	39752	5472	2119407
天津滨海	Tianjin Binhai	266048	915	588	162433
石家庄	Shijiazhuang	146091	586	108	113638
唐 山	Tangshan	16634	54	54	9533
保 定	Baoding	116880	83	410	58506
承 德	Chengde	14551	15	1	9222
燕 郊	Yanjiao	29240	110	154	12747
太 原	Taiyuan	145608	237	15	94779
长 治	Changzhi	41563	24	7	18393
呼和浩特	Hohhot	59710	159	4	39855
包 头	Baotou	97801	197	43	46212
鄂尔多斯	Erdos	9664	19	13	4920
沈 阳	Shenyang	108270	594	90	82261
大 连	Dalian	181350	4242	1041	130230
鞍 山	Anshan	38797	289	44	21552
本 溪	Benxi	7599	23	5	4081
锦 州	Jinzhou	22110	18	14	8654
营 口	Yingkou	21870	30	14	9269
阜 新	Fuxin	17321	4	1	5140
辽 阳	Liaoyang	39025	28	2	13627
长 春	Changchun	183109	1871	905	121715
长春净月	Changchun Jingyue	112918	886	231	80493
吉 林	Jilin	70123	21		41928
通 化	Tonghua	12088	9	29	5332
延 吉	Yanji	10840	17	66	6627
哈尔滨	Harbin	96721	147	14	59755
齐齐哈尔	Qiqihar	20100	3		10455
大 庆	Daqing	67835	30	179	38842
上海张江	Shanghai Zhangjiang	1143450	29073	7267	812816
上海紫竹	Shanghai Zizhu	29016	892	528	24606
南 京	Nanjing	319418	1990	582	205143
无 锡	Wuxi	270010	1740	2121	117935
江 阴	Jiangyin	87793	410	266	34008
徐 州	Xuzhou	52871	88	23	42083
常 州	Changzhou	193506	2091	1770	112589
武 进	Wujin	133505	410	353	63464
苏 州	Suzhou	239799	765	1669	107141
昆 山	Kunshan	182504	373	1107	65075
苏州工	Suzhou Industrial Park	291027	9509	10030	213435
常 熟	Changshu	73721	214	694	25588
南 通	Nantong	99907	420	97	59506
连云港	Lianyungang	54691	221	44	40603

1-5 续表 1 continued

单位：人 (person)

地 区	Region	年末从业人员 Year End Number of Employees	留学归国人员 Returned Overseas Scholars	外籍常驻人员 Foreign Personnel in Residence	大专以上 College and Higher Level
淮 安	Huaian	23370	18	196	17211
盐 城	Yancheng	53414	179	219	17297
扬 州	Yangzhou	36309	267	61	20365
镇 江	ZhenJiang	56094	121	43	25335
泰 州	Taizhou	89793	308	136	54679
宿 迁	Suqian	31292	11	11	7657
杭 州	Hangzhou	370393	3481	697	288761
萧山临江	Xiaoshan Linjiang	74361	51	136	22206
宁 波	Ningbo	236264	1335	1374	107257
温 州	Wenzhou	101616	621	49	34885
嘉 兴	Jiaxing	60675	84	231	19112
莫 干 山	Moganshan	49015	65	94	15497
绍 兴	Shaoxing	57908	54	27	16169
衢 州	Quzhou	66338	41	36	16807
合 肥	Hefei	263946	9167	2725	181023
芜 湖	Wuhu	92109	106	93	43998
蚌 埠	Bengbu	65533	72	35	28132
淮 南	Huainan	5738			3141
马鞍山慈湖	Ma'anshan Cihu	38503	29	13	16896
铜陵狮子山	Tongling Shizishan	10562	10		4515
福 州	Fuzhou	97566	332	277	61057
厦 门	Xiamen	232397	915	1288	116463
莆 田	Putian	47673	169	258	9002
三 明	Sanming	22705	15	6	4360
泉 州	Quanzhou	85057	72	145	23697
漳 州	Zhangzhou	94722	41	93	17198
龙 岩	Longyan	31873	5	5	6673
南 昌	Nanchang	139396	1627	247	89448
景 德 镇	Jingdezhen	70927	238	67	24562
九江共青城	Jiujiang Gongqing City	18977	3	2	842
新 余	Xinyu	66579	450	204	18517
鹰 潭	Yingtan	25814	200	96	7313
赣 州	Ganzhou	16012	120	62	5441
吉 安	Ji'an	35744	39	35	8512
宜春丰城	Yichun Fengcheng	27747	10	15	6198
抚 州	Fuzhou	40347	40	18	19343
济 南	Jinan	296108	836	371	211304
青 岛	Qingdao	155663	713	164	86615
淄 博	Zibo	118134	159	44	63115
枣 庄	Zaozhuang	29381	24	22	7496
黄河三角洲	Huanghe Delta	3593			1706
烟 台	Yantai	55984	123	118	24922
潍 坊	Weifang	153258	686	85	77667

1-5 续表 2 continued

单位：人 (person)

地　区	Region	年末从业人员 Year End Number of Employees	留学归国人员 Returned Overseas Scholars	外籍常驻人员 Foreign Personnel in Residence	大专以上 College and Higher Level
济　宁	Jining	166898	192	132	75128
泰　安	Tai'an	55036	32	9	26059
威　海	Weihai	124226	801	760	56007
莱　芜	Laiwu	14113	21	35	6241
临　沂	Linyi	51466	37	19	18347
德　州	Dezhou	18980	9	20	4629
郑　州	Zhengzhou	222132	554	101	136588
洛　阳	Luoyang	163710	313	9	83486
平顶山	Pingdingshan	27737	58	9	15018
安　阳	Anyang	67406	188	43	32517
新　乡	Xinxiang	52611	67	40	23052
焦　作	Jiaozuo	43154	364	33	13959
南　阳	Nanyang	44389	28		25872
武　汉	Wuhan	565641	5466	4584	461993
黄石大冶湖	Huangshi Dayehu	109380	27	17	20233
宜　昌	Yichang	125024	104	130	54096
襄　阳	Xiangyang	185189	339	2453	80440
荆　门	Jingmen	117554	195	44	58778
孝　感	Xiaogan	100751	94	59	42286
荆　州	Jingzhou	10569	6	1	3729
黄　冈	Huanggang	49390	25	108	13073
咸　宁	Xianning	67032	826	171	46728
随　州	Suizhou	50891	44	2	10176
仙　桃	Xiantao	77408	18	51	12219
潜　江	Qianjiang	11110	8	3	2655
长　沙	Changsha	342171	1942	831	226806
株　洲	Zhuzhou	166617	358	128	101151
湘　潭	Xiangtan	97030	171	23	37197
衡　阳	Hengyang	58501	84	74	25079
常　德	Changde	42402	14	3	10030
益　阳	Yiyang	47040	485	182	20475
郴　州	Chenzhou	20510	13	25	6527
怀　化	Huaihua	12327	6	5	5450
广　州	Guangzhou	669540	3114	1747	400160
深　圳	Shenzhen	762455	10677	2441	534317
珠　海	Zhuhai	243227	534	512	81983
汕　头	Shantou	37718	40	15	13191
佛　山	Foshan	351983	1038	756	120642
江　门	Jiangmen	105228	93	164	29259
湛　江	Zhanjiang	24573	31	16	9841
茂　名	Maoming	19356	63	5	7132
肇　庆	Zhaoqing	55462	44	65	13395

1-5 续表 3 continued

单位：人 (person)

地 区	Region	年末从业人员 Year End Number of Employees	留学归国人员 Returned Overseas Scholars	外籍常驻人员 Foreign Personnel in Residence	大专以上 College and Higher Level
惠 州	Huizhou	192560	256	612	61221
源 城	Yuancheng	49524	33	63	15060
清 远	Qingyuan	68956	66	149	14751
东 莞	Dongguan	107974	189	178	46167
中 山	Zhongshan	152007	193	988	40838
南 宁	Nanning	193957	239	128	99515
柳 州	Liuzhou	113574	170	37	50542
桂 林	Guilin	136130	192	116	45709
北 海	Beihai	41255	21	77	15994
海 口	Haikou	40355	56	32	20611
重 庆	Chongqing	233492	724	496	120971
璧 山	Bishan	60784	105	153	21828
荣 昌	Rongchang	28786	5	8	5008
永 川	Yongchuan	71533	20	54	17461
成 都	Chengdu	396449	3140	1004	306105
自 贡	Zigong	38268	38	54	13528
攀枝花	Panzhihua	17721	4		4548
泸 州	Luzhou	51366	18	49	20286
德 阳	Deyang	32563	12	3	13680
绵 阳	Mianyang	117834	71	83	47800
内 江	Neijiang	16856	58	80	5855
乐 山	Leshan	49810	80	26	13703
贵 阳	Guiyang	231302	202	92	117827
安 顺	Anshun	25496	6		11215
昆 明	Kunming	77225	117	17	44514
玉 溪	Yuxi	25700	46	4	14097
楚 雄	Chuxiong	9604	5		3072
西 安	Xi'an	529887	5883	5767	443410
宝 鸡	Baoji	163958	220	48	77709
杨 凌	Yangling	28098	36	29	12372
咸 阳	Xianyang	25919	43	16	13081
渭 南	Weinan	22655	13	4	9971
榆 林	Yulin	34351	129	63	22030
安 康	Ankang	25613	17	11	11507
兰 州	Lanzhou	127797	507	21	68489
白 银	Baiyin	59475	12	6	20113
青 海	Qinghai	11793	15	3	5923
银 川	Yinchuan	10738	6	16	2226
石嘴山	Shizuishan	13512	3	1	6023
乌鲁木齐	Urumqi	178146	197	173	108489
昌 吉	Changji	12286	53	161	6635
新疆兵团	Xinjiang Corps	17900	2		9136

1-6 各国家高新区企业R&D活动与科技活动情况

R&D Activities and Science and Technology Activities of Enterprises in National Hi-tech Zones by Region

地 区	region	科技活动人员 (人) Personnel Engaged in Science and Technology Activities (person)	R&D人员 (人) R&D Personnel (person)	R&D人员全时当量 (人年) R&D Personnel Full Time Equivalent (man year)	科技活动经费内部支出 (千元) Intramural Expenditures on Science and Technology Activities (1000 yuan)	R&D经费内部支出 (千元) Intramural Expenditure on R&D (1000 yuan)
合 计	**Total**	**4280661**	**2583635**	**1772053**	**1267500798**	**745569512**
北京中关村	Beijing Zhongguancun	784720	260085	166350	258059443	91254519
天津滨海	Tianjin Binhai	55768	42802	25158	12401740	8995038
石家庄	Shijiazhuang	32070	22522	13896	7480223	6132757
唐 山	Tangshan	3528	1238	730	475542	163397
保 定	Baoding	25182	17274	11069	6331649	4552867
承 德	Chengde	1351	493	213	133846	34650
燕 郊	Yanjiao	2982	875	623	622285	201975
太 原	Taiyuan	29278	8648	5030	6126309	1883526
长 治	Changzhi	5018	2753	2191	853378	455081
呼和浩特	Hohhot	2736	624	254	1244403	82300
包 头	Baotou	15479	8176	6933	3674091	1885315
鄂尔多斯	Erdos	1986	1372	385	324634	184589
沈 阳	Shenyang	17188	11393	7860	3757895	2413446
大 连	Dalian	28886	23531	15309	9343026	4373360
鞍 山	Anshan	7421	6077	3395	2890122	2324494
本 溪	Benxi	1471	750	535	181000	89603
锦 州	Jinzhou	2390	1595	1200	489966	352954
营 口	Yingkou	2533	2359	1556	604611	553740
阜 新	Fuxin	1197	679	452	208835	95564
辽 阳	Liaoyang	3369	2422	1915	717329	529296
长 春	Changchun	32342	17599	9048	11798587	7287011
长春净月	Changchun Jingyue	11360	4073	2539	3644577	935203
吉 林	Jilin	6779	1194	901	1181851	285814
通 化	Tonghua	2404	1482	725	242293	123620
延 吉	Yanji	286	51	9	51137	2389
哈尔滨	Harbin	13998	5747	3785	2640459	629717
齐齐哈尔	Qiqihar	2948	2289	1570	410197	154886
大 庆	Daqing	3951	1815	1249	722932	299193
上海张江	Shanghai Zhangjiang	350531	135210	94527	115112882	48146535
上海紫竹	Shanghai Zizhu	11111	4635	3755	5320303	2000719
南 京	Nanjing	91625	67641	45893	23665118	16622724
无 锡	Wuxi	34816	20415	14203	9688687	5043170
江 阴	Jiangyin	12341	11083	8185	5462997	4314313
徐 州	Xuzhou	6388	3734	1943	1707079	666376
常 州	Changzhou	26788	22681	20344	7295109	5760210
武 进	Wujin	16525	11371	7896	3637155	2264932
苏 州	Suzhou	39866	25615	20549	9597690	5309811
昆 山	Kunshan	25941	15729	12239	5823417	3593192
苏州工	Suzhou Industrial Park	80205	78250	61660	23799026	21255584
常 熟	Changshu	6801	6002	4080	2873950	2370320
南 通	Nantong	7211	4227	3513	3535863	2446440
连云港	Lianyungang	8846	4716	3530	5634338	3207060

1-6 续表 1 continued

地　区	region	科技活动人员（人）Personnel Engaged in Science and Technology Activities (person)	R&D人员（人）R&D Personnel (person)	R&D人员全时当量（人年）R&D Personnel Full Time Equivalent (man year)	科技活动经费内部支出（千元）Intramural Expenditures on Science and Technology Activities (1000 yuan)	R&D经费内部支出（千元）Intramural Expenditure on R&D (1000 yuan)
淮　安	Huaian	2807	1635	1089	800097	384063
盐　城	Yancheng	4784	2357	1598	1062495	507360
扬　州	Yangzhou	6504	4804	3454	1556787	1077162
镇　江	ZhenJiang	7480	3233	1915	1778041	651413
泰　州	Taizhou	4670	2722	1654	1790696	680713
宿　迁	Suqian	2859	2265	1411	749945	502808
杭　州	Hangzhou	127816	79991	67695	43439969	30947698
萧山临江	Xiaoshan Linjiang	6609	3861	2401	2224198	1118231
宁　波	Ningbo	43925	33836	22950	10840166	8170027
温　州	Wenzhou	14112	9175	5599	2631598	1629349
嘉　兴	Jiaxing	7192	5194	3589	1950752	1237519
莫干山	Moganshan	6707	5890	4389	1388458	1061717
绍　兴	Shaoxing	7446	5052	2992	2082584	1106534
衢　州	Quzhou	10874	6743	3023	2554173	1428781
合　肥	Hefei	88052	50905	26552	26902114	18829585
芜　湖	Wuhu	21630	13540	6532	6035060	3889112
蚌　埠	Bengbu	10734	8342	6205	2565482	1781728
淮　南	Huainan	1007	523	344	122400	53409
马鞍山慈湖	Ma'anshan Cihu	6802	6651	3794	2846837	2338062
铜陵狮子山	Tongling Shizishan	1617	1507	729	407672	338340
福　州	Fuzhou	28281	16670	13319	5374377	3339531
厦　门	Xiamen	47833	46198	28197	9643544	8656992
莆　田	Putian	2286	1221	857	1061490	625941
三　明	Sanming	2075	1185	893	419786	274132
泉　州	Quanzhou	9478	3698	2451	1987224	638740
漳　州	Zhangzhou	7126	5313	3209	2009022	1103732
龙　岩	Longyan	2750	2024	1419	853414	521632
南　昌	Nanchang	30371	28587	17235	9178463	7877828
景德镇	Jingdezhen	8295	6611	3260	2638425	1996659
九江共青城	Jiujiang Gongqing City	686	456	240	129608	44983
新　余	Xinyu	5952	4834	2629	1827656	1420619
鹰　潭	Yingtan	2017	1839	1171	816745	735660
赣　州	Ganzhou	1886	1000	675	305624	189677
吉　安	Ji'an	2939	2872	1521	472373	456924
宜春丰城	Yichun Fengcheng	2685	2264	1639	712763	458783
抚　州	Fuzhou	5332	5162	3344	1537872	1342751
济　南	Jinan	62883	46235	33090	13602951	10116966
青　岛	Qingdao	33618	20042	14812	12285383	7924096
淄　博	Zibo	15615	11136	6973	4295090	2940424
枣　庄	Zaozhuang	1762	1233	834	660654	163645
黄河三角洲	Huanghe Delta	38	4	2	8330	957
烟　台	Yantai	5419	2462	1431	1513404	730447
潍　坊	Weifang	24827	17212	10460	8828954	6061412

地区 region		科技活动人员(人) Personnel Engaged in Science and Technology Activities (person)	R&D人员(人) R&D Personnel (person)	R&D人员全时当量(人年) R&D Personnel Full Time Equivalent (man year)	科技活动经费内部支出(千元) Intramural Expenditures on Science and Technology Activities (1000 yuan)	R&D经费内部支出(千元) Intramural Expenditure on R&D (1000 yuan)
济宁	Jining	11951	6613	4342	4478751	2065279
泰安	Tai'an	8773	4606	2534	1732619	846031
威海	Weihai	18236	11670	7337	3906148	2337709
莱芜	Laiwu	1455	681	390	376271	124258
临沂	Linyi	3618	2044	1315	1118392	489179
德州	Dezhou	1686	1091	492	318279	195522
郑州	Zhengzhou	53224	16001	9662	9891605	3335186
洛阳	Luoyang	34494	30961	25286	7958333	6350730
平顶山	Pingdingshan	3461	1955	1524	1258225	491342
安阳	Anyang	5640	4185	3320	918406	611849
新乡	Xinxiang	6212	4377	3076	2176688	1651977
焦作	Jiaozuo	2671	977	585	693225	276305
南阳	Nanyang	5894	3637	3202	758700	494474
武汉	Wuhan	159230	150450	113072	53231768	35644333
黄石大冶湖	Huangshi Dayehu	21437	17141	13133	1649229	729439
宜昌	Yichang	22432	18139	11460	5708632	4419858
襄阳	Xiangyang	30052	27948	22181	9853724	7847733
荆门	Jingmen	17472	10389	6832	4918554	2753269
孝感	Xiaogan	10044	7489	4548	3180692	2327970
荆州	Jingzhou	890	375	171	204489	58707
黄冈	Huanggang	7816	3274	2024	1626265	481697
咸宁	Xianning	10483	5278	3427	3492848	1593528
随州	Suizhou	3299	1126	577	798885	142824
仙桃	Xiantao	3644	2222	1486	724264	298551
潜江	Qianjiang	1125	453	145	1057391	594265
长沙	Changsha	66700	47406	34006	16670326	12652837
株洲	Zhuzhou	33652	27069	15962	9067556	6148388
湘潭	Xiangtan	9198	6395	4545	3411769	2176171
衡阳	Hengyang	7002	3774	2163	2037794	1308909
常德	Changde	3361	1759	1104	1059134	516408
益阳	Yiyang	5945	3512	2401	3134515	1881384
郴州	Chenzhou	2506	1132	361	754614	340916
怀化	Huaihua	1717	653	278	442133	126449
广州	Guangzhou	172261	122889	77872	45356094	31406213
深圳	Shenzhen	243256	189270	139979	102174394	83453296
珠海	Zhuhai	48958	47788	30527	12817486	11420795
汕头	Shantou	5770	3957	2175	1104947	687187
佛山	Foshan	56702	42427	24960	11401655	7717953
江门	Jiangmen	15773	11280	6353	3409432	2162585
湛江	Zhanjiang	3280	1790	1098	2171564	1314295
茂名	Maoming	3936	2770	1473	780918	476094
肇庆	Zhaoqing	7847	4528	2267	1764544	915409

1-6 续表 3 continued

地 区	region	科技活动人员（人）Personnel Engaged in Science and Technology Activities (person)	R&D人员（人）R&D Personnel (person)	R&D人员全时当量（人年）R&D Personnel Full Time Equivalent (man year)	科技活动经费内部支出（千元）Intramural Expenditures on Science and Technology Activities (1000 yuan)	R&D经费内部支出（千元）Intramural Expenditure on R&D (1000 yuan)
惠 州	Huizhou	27255	19987	13998	6993619	4601708
源 城	Yuancheng	3221	2317	967	464104	231471
清 远	Qingyuan	7253	4036	2356	1541778	684398
东 莞	Dongguan	22984	15728	12808	10962318	9467424
中 山	Zhongshan	16858	11162	6516	3348746	2092968
南 宁	Nanning	25656	13689	7638	5175654	2291149
柳 州	Liuzhou	23946	13113	8603	6757956	3648586
桂 林	Guilin	12090	5535	2964	1678850	527060
北 海	Beihai	3907	1699	1330	1030110	265508
海 口	Haikou	5911	2904	1323	1372813	641167
重 庆	Chongqing	44437	28323	14710	11194734	7222512
璧 山	Bishan	6893	4639	2824	1591358	1104294
荣 昌	Rongchang	2208	1636	1026	626564	276905
永 川	Yongchuan	6483	3330	2150	2026603	1109013
成 都	Chengdu	104102	66511	43915	27183731	17944422
自 贡	Zigong	5449	3688	2308	1051562	824189
攀枝花	Panzhihua	885	413	189	639824	169765
泸 州	Luzhou	3847	1682	1112	1258337	640215
德 阳	Deyang	2954	1398	983	895487	489483
绵 阳	Mianyang	18907	13670	10119	5022877	3872892
内 江	Neijiang	2093	885	614	462087	181029
乐 山	Leshan	3559	2229	1147	909108	522839
贵 阳	Guiyang	28271	12448	7342	5622219	2255281
安 顺	Anshun	3696	1570	1094	722184	351894
昆 明	Kunming	9745	4625	2646	2189465	1082639
玉 溪	Yuxi	2458	1744	641	631976	204308
楚 雄	Chuxiong	1201	681	420	444879	126937
西 安	Xi'an	179999	123760	107159	57409275	41090419
宝 鸡	Baoji	23303	15957	10806	4957670	3090546
杨 凌	Yangling	2173	541	322	420716	107509
咸 阳	Xianyang	3212	1709	868	663101	340717
渭 南	Weinan	1658	1139	581	471075	184845
榆 林	Yulin	2700	700	564	996744	107908
安 康	Ankang	413	157	105	448519	127580
兰 州	Lanzhou	15071	3858	1851	2791383	689682
白 银	Baiyin	3423	1348	704	663217	139299
青 海	Qinghai	792	228	114	114552	33831
银 川	Yinchuan	1064	645	352	204434	69135
石嘴山	Shizuishan	1825	1638	933	425788	323773
乌鲁木齐	Urumqi	6594	1338	685	1517109	287685
昌 吉	Changji	1316	611	476	511410	345999
新疆兵团	Xinjiang Corps	2349	1161	378	856957	299397

1-7 高新区企业主要经济指标(按登记注册类型分类)

Main Economic Indicators of Enterprises in National Hi-tech Zones by Registration Category

企业登记注册类型 Registration Category	入统企业数 (个) Number of Enterprises to Collect Data (unit)	高新技术企业数 (个) Number of Hi-tech Enterprises (unit)	年末从业人员 (人) Year End Number of Employees (person)	营业收入 (千元) Operating Revenue (1000 yuan)	工业总产值 (千元) Gross Industrial Output Value (1000 yuan)
合 计 Total	**120057**	**62792**	**20915695**	**34621387919**	**22252550746**
国有企业 State-owned Enterprises	2597	1236	1645046	3662514396	2104655246
集体企业 Collective-owned Enterprises	272	53	109554	203990483	152090613
股份合作企业 Cooperative Enterprises	379	153	50592	61091688	47742256
联营企业 Joint Ownership Enterprises	92	36	13954	15241752	11154427
有限责任公司 Limited Liability Corporations	37020	20104	6295062	11125668563	5900437732
股份有限公司 Share-holding Corporations Ltd.	8767	6492	3369630	5430110652	3521596667
私营企业 Private Enterprises	58154	29857	4622661	5228375150	3803530202
港澳台投资企业 Enterprises with Funds from HongKong, Macao and Taiwan	4291	1956	1967546	3217331320	2011571353
外商投资企业 Foreign Funded Enterprises	7817	2619	2751555	5548441997	4597729038

1-7 续表 continued

单位：千元 (1000 yuan)

企业登记注册类型 Registration Category	净利润 Net Profit	上缴税费 Taxes Submitted	出口总额 Export	年末资产 Year End Assets	年末负债 Year End Liabilities
合 计 Total	**2391809612**	**1865050138**	**3726376526**	**52781747315**	**30143187468**
国有企业 State-owned Enterprises	225786601	228397132	123735198	6862913817	3921941531
集体企业 Collective-owned Enterprises	15873356	11030476	27021731	367027753	254614756
股份合作企业 Cooperative Enterprises	3370381	2346974	4374551	83904169	46539408
联营企业 Joint Ownership Enterprises	-166788	493899	1346952	17047818	11371912
有限责任公司 Limited Liability Corporations	609356291	546311068	658228321	17365667474	10775541949
股份有限公司 Share-holding Corporations Ltd.	523836336	330582146	442679821	12742197193	6752639571
私营企业 Private Enterprises	279445242	220683753	445010734	6140728315	3507633914
港澳台投资企业 Enterprises with Funds from HongKong, Macao and Taiwan	268565939	144311256	593236994	3987190543	2227594347
外商投资企业 Foreign Funded Enterprises	456620250	376376072	1397107583	5057529564	2575419397

1-8 高新区企业收入情况(按登记注册类型分类)
Revenue Statistics of Enterprises in National Hi-tech Zones by Registration Category

单位：千元 (1000 yuan)

企业登记注册类型 Registration Category	营业收入 Operating Revenue	技术收入 Technical Income	产品销售收入 Product Sales Income	商品销售收入 Commodity Sales Income
合 计 **Total**	**34621387919**	**3928409768**	**24722981560**	**3514728173**
国有企业 State-owned Enterprises	3662514396	514510198	2623146931	314099482
集体企业 Collective-owned Enterprises	203990483	15609122	177303833	825811
股份合作企业 Cooperative Enterprises	61091688	5663131	53188822	722415
联营企业 Joint Ownership Enterprises	15241752	3450001	10917558	225326
有限责任公司 Limited Liability Corporations	11125668563	1554529378	6808726000	1558288423
股份有限公司 Share-holding Corporations Ltd.	5430110652	491777055	4079836598	380172784
私营企业 Private Enterprises	5228375150	543120027	4119337118	325841368
港澳台投资企业 Enterprises with Funds from HongKong, Macao and Taiwan	3217331320	470425132	2083424185	527357877
外商投资企业 Foreign Funded Enterprises	5548441997	320316723	4658808946	401488907

1-9 高新区企业人员情况(按登记注册类型分类)
Personnel of Statistics Enterprises in National Hi-tech Zones by Registration Category

单位：人 (person)

企业登记注册类型 Registration Category	年末从业人员 Year End Number of Employees	留学归国人员 Returned Overseas Scholars	外籍常驻人员 Foreign Personnel in Residence	大专以上 College and Higher Level
合 计 **Total**	**20915695**	**163121**	**72500**	**12060956**
国有企业 State-owned Enterprises	1645046	21843	3892	1101275
集体企业 Collective-owned Enterprises	109554	399	156	44283
股份合作企业 Cooperative Enterprises	50592	249	25	26769
联营企业 Joint Ownership Enterprises	13954	50	8	7495
有限责任公司 Limited Liability Corporations	6295062	40073	13092	3756203
股份有限公司 Share-holding Corporations Ltd.	3369630	34441	9098	2153780
私营企业 Private Enterprises	4622661	23318	7186	2540011
港澳台投资企业 Enterprises with Funds from HongKong, Macao and Taiwan	1967546	15368	8235	1011251
外商投资企业 Foreign Funded Enterprises	2751555	26497	30236	1374355

1-10 高新区企业主要经济指标(按企业划型标准分类)

Main Economic Indicators of Enterprises in National Hi-tech Zones by the Enterprise Scale

企业规模 Enterprise Scale	入统企业数(个) Number of Enterprises to Collect Data (unit)	高新技术企业数(个) Number of Hi-tech Enterprises (unit)	年末从业人员(人) Year End Number of Employees (person)	营业收入(千元) Operating Revenue (1000 yuan)	工业总产值(千元) Gross Industrial Output Value (1000 yuan)
合　计 Total	**120057**	**62792**	**20915695**	**34621387919**	**22252550746**
大型企业 Large Enterprises	4817	3134	10467480	21244326485	12903088855
中型企业 Medium Enterprises	17661	10352	5732567	9607027832	6400576815
小型企业 Small Enterprises	69664	38943	4466927	3675982839	2897952755
微型企业 Micro Enterprises	27915	10363	248721	94050762	50932321

1-10 续表 continued

单位：千元 (1000 yuan)

企业规模 Enterprise Scale	净利润 Net Profit	上缴税费 Taxes Submitted	出口总额 Export	年末资产 Year End Assets	年末负债 Year End Liabilities
合　计 Total	**2391809612**	**1865050138**	**3726376526**	**52781747315**	**30143187468**
大型企业 Large Enterprises	1579999765	1225071063	2465339389	30207378257	17838424440
中型企业 Medium Enterprises	635808522	452848022	966278445	15391530703	8729134514
小型企业 Small Enterprises	184421725	181197552	290906342	6478018400	3232099115
微型企业 Micro Enterprises	-8420401	5933502	3852350	704819955	343529399

1-11 高新区企业收入情况(按企业划型标准分类)
Revenue Statistics of Enterprises in National Hi-tech Zones by the Enterprise Scale

单位：千元 (1000 yuan)

企业规模 Enterprise Scale	营业收入 Operating Revenue	技术收入 Technical Income	产品销售收入 Product Sales Income	商品销售收入 Commodity Sales Income
合 计 Total	**34621387919**	**3928409768**	**24722981560**	**3514728173**
大型企业 Large Enterprises	21244326485	2728399569	14829754534	1931695663
中型企业 Medium Enterprises	9607027832	856336499	6892345044	1362830516
小型企业 Small Enterprises	3675982839	328239482	2948383200	204543662
微型企业 Micro Enterprises	94050762	15434219	52498783	15658332

1-12 高新区企业人员情况(按企业划型标准分类)
Personnel Statistics of Enterprises in National Hi-tech Zones by the Enterprise Scale

单位：人 (person)

企业规模 Enterprise Scale	年末从业人员 Year End Number of Employees	留学归国人员 Returned Overseas Scholars	外籍常驻人员 Foreign Personnel in Residence	大专以上 College and Higher Level
合 计 Total	**20915695**	**163121**	**72500**	**12060956**
大型企业 Large Enterprises	10467480	100660	38662	6437734
中型企业 Medium Enterprises	5732567	32356	17809	3029658
小型企业 Small Enterprises	4466927	25494	14573	2412802
微型企业 Micro Enterprises	248721	4611	1456	180762

1-13 高新区高技术产业制造业企业主要经济指标(按行业类别分类)

Main Indicators of Enterprises in Hi-tech Manufacture Fields in National Hi-tech Zones by Industry Field

行业类别 Industry Field	入统企业数(个) Number of Enterprises to Collect Data (unit)	高新技术企业数(个) Number of Hi-tech Enterprises (unit)	年末从业人员(人) Year End Number of Employees (person)	营业收入(千元) Operating Revenue (1000 yuan)	工业总产值(千元) Gross Industrial Output Value (1000 yuan)
合 计 Total	**15499**	**9893**	**4430032**	**6657464351**	**6464955715**
医药制造业 Manufacture of Medicines	2526	1599	743864	923829166	913890568
航空、航天器及设备制造业 Manufacture of Aircrafts and Spacecrafts and Related Equipment	392	292	206384	188609169	187077857
电子及通信设备制造业 Manufacture of Electronic Equipment and Communication Equipment	6752	4169	2471543	4067788246	3912761278
计算机及办公设备制造业 Manufacture of Computers and Office Equipment	916	547	466688	928902511	902651426
医疗仪器设备及仪器仪表制造业 Manufacture of Medical Equipments and Measuring Instrument	4856	3260	525793	528101075	527892198
信息化学品制造业 Manufacture of Information Chemicals	57	26	15760	20234184	20682388

1-13 续表 continued

单位：千元 (1000 yuan)

行业类别 Industry Field	净利润 Net Profit	上缴税费 Taxes Submitted	出口总额 Export	年末资产 Year End Assets	年末负债 Year End Liabilities
合 计 Total	**452593196**	**306105345**	**2072883252**	**8165190144**	**4194511773**
医药制造业 Manufacture of Medicines	120639530	99499131	50217095	1502553329	625155529
航空、航天器及设备制造业 Manufacture of Aircrafts and Spacecrafts and Related Equipment	12339809	4221448	13157096	428941025	247536142
电子及通信设备制造业 Manufacture of Electronic Equipment and Communication Equipment	219875020	140919320	1457402587	4670837997	2522505449
计算机及办公设备制造业 Manufacture of Computers and Office Equipment	40905065	25488153	459647701	742565286	457575799
医疗仪器设备及仪器仪表制造业 Manufacture of Medical Equipments and Measuring Instrument	58210086	35266643	88225670	787060018	328374051
信息化学品制造业 Manufacture of Information Chemicals	623686	710649	4233102	33232490	13364803

1-14 高新区高技术产业服务业企业主要经济指标(按行业类别分类)

Main Indicators of Enterprises in Hi-tech Service Fields in National Hi-tech Zones by Industry Field

行业类别 Industry Field	入统企业数 (个) Number of Enterprises to Collect Data (unit)	高新技术企业数 (个) Number of Hi-tech Enterprises (unit)	年末从业人员 (人) Year End Number of Employees (person)	营业收入 (千元) Operating Revenue (1000 yuan)
合 计 Total	**44457**	**27610**	**4158374**	**4523554741**
信息服务 Information Service	30518	19829	3003958	3158840299
电子商务服务 E-commerce Service	75	61	21339	45441090
检验检测服务 Inspection and Testing Service	951	605	101309	46891112
专业技术服务业的高技术服务 Hi-tech Service in Professional Technology Service	1659	912	416914	684505864
研发与设计服务 R&D and Design Service	3629	1912	305644	291519343
科技成果转化服务 Technology Results Transfer Service	6424	3510	232821	216695875
知识产权及相关法律服务 IPR and Related Legal Service	229	62	15465	7667043
环境监测及治理服务 Environmental Monitoring and Control	972	719	60924	71994115

1-14 续表 continued

单位：千元 (1000 yuan)

行业类别 Industry Field	净利润 Net Profit	上缴税费 Taxes Submitted	出口总额 Export	年末资产 Year End Assets	年末负债 Year End Liabilities
合 计 Total	**423122963**	**242204013**	**196252738**	**9912222895**	**5649103338**
信息服务 Information Service	339677659	181962490	133939602	6493497680	3728438356
电子商务服务 E-commerce Service	3578342	1494938	11068	154490858	130235853
检验检测服务 Inspection and Testing Service	7888820	3414853	295276	76397081	30163862
专业技术服务业的高技术服务 Hi-tech Service in Professional Technology Service	51495405	31045283	37885356	1468812979	895738325
研发与设计服务 R&D and Design Service	8626172	9995492	16895550	699110583	336983432
科技成果转化服务 Technology Results Transfer Service	4690489	9743430	6726344	778085512	396890561
知识产权及相关法律服务 IPR and Related Legal Service	768245	477474	290959	9517790	4047691
环境监测及治理服务 Environmental Monitoring and Control	6397831	4070052	208583	232310412	126605258

第二部分

全国高新技术企业

The Second Part

High Technology Enterprises in China

2-1　全国高新技术企业主要经济指标

Main Economic Indicators of High-tech Enterprises

年　份 Year	入统企业数 (个) Number of Enterprises to Collect Data (unit)	年末从业人员 (万人) Year End Number of Employees (10000 person)	营业收入* (亿元) Operating Revenue (100 million yuan)	工业总产值 (亿元) Gross Industrial Output Value (100 million yuan)	净利润 (亿元) Net Profit (100 million yuan)	上缴税额 (亿元) Taxes Submitted (100 million yuan)	出口创汇 (亿美元) Export (100 million USD)
1996	12547	214.2	4029.6	3810.8	304.2	222.0	73.5
1997	12794	248.7	5630.4	5301.6	402.4	288.6	101.5
1998	15206	309.4	7624.1	7361.8	464.4	424.2	132.7
1999	17118	364.5	10936.7	10558.8	742.7	792.8	203.0
2000	20867	442.3	15648.7	14757.9	1149.7	904.5	329.2
2001	24153	511.7	19930.4	18767.2	1305.9	1279.6	395.4
2002	28504	601.8	25502.2	23877.0	1509.2	1460.1	569.1
2003	33392	729.5	35332.5	32996.0	2129.7	1925.7	900.9
2004	39490	863.8	48100.5	44615.8	2900.5	2366.1	1515.0
2005	43249	1016.1	59714.1	55780.8	3387.5	2901.2	2050.9
2006	49166	1182.6	76493.0	71840.5	4427.5	3842.3	2646.3
2007	56047	1452.2	104770.5	95911.5	6684.1	4851.4	3683.5
2008	51476	1275.0	105115.2	96546.2	5853.6	5804.8	3563.8
2009	25386	1003.3	86192.6	93319.1	6328.5	4281.5	2492.5
2010	31858	1313.6	129505.2	119022.0	9806.7	6262.1	3594.9
2011	39343	1508.3	156223.1	140338.9	10997.8	7378.7	4520.5
2012	45313	1621.3	167743.9	152235.3	10892.0	8377.7	4608.3
2013	54683	1810.2	193837.4	175106.4	12825.2	9277.4	4915.8
2014	62556	1914.8	217304.8	211335.9	14399.2	10674.8	5068.6
2015	76141	2045.2	222234.1	189757.5	14894.8	11052.1	4768.7
2016	100012	2360.7	261093.9	212268.8	18859.7	13159.1	4694.9
2017	130632	2735.5	318374.1	243898.0	23217.1	15578.3	5600.7
2018	172262	3131.6	389203.7	288706.3	26140.3	18000.8	6801.4

注：2014年报表制度进一步规范指标及定义，取消了“总收入”的指标，增加了“营业收入”的指标。此列2014年以前所列数据为企业总收入的汇总数据。

2-2 各地区高新技术企业主要经济指标

Main Economic Indicators of High-tech Enterprises by Region

地　区	Region	入统企业数（个）Number of Enterprises to Collect Data (unit)	年末从业人员（人）Year End Number of Employees (person)	营业收入（千元）Operating Revenue (1000 yuan)	工业总产值（千元）Gross Industrial Output Value (1000 yuan)
合　计	**Total**	**172262**	**31315617**	**38920373059**	**28870626462**
东部地区	Eastern Region	125112	21362301	26363113908	19055396769
中部地区	Middle Region	24727	5359074	6724593808	5200220879
西部地区	Western Region	16731	3521998	4568877885	3547212611
东北地区	Northeast Region	5692	1072244	1263787458	1067796203
北　京	Beijing	18749	2322720	3208200881	724531562
天　津	Tianjin	4889	603507	881712298	478959408
河　北	Hebei	5020	1111585	1638297060	1332269241
山　西	Shanxi	1621	384237	471862904	329789486
内蒙古	Inner Mongolia	750	237689	387515718	348885212
辽　宁	Liaoning	3658	651153	792773575	658735931
吉　林	Jilin	893	195133	249700829	219823110
黑龙江	Heilongjiang	1141	225958	221313053	189237162
上　海	Shanghai	9023	1619521	2654756258	1347282994
江　苏	Jiangsu	17968	3525289	4358215409	3955081788
浙　江	Zhejiang	11811	2768988	3040934505	2456874979
安　徽	Anhui	5324	998743	1147238462	1010491410
福　建	Fujian	3754	754395	731973063	686159192
江　西	Jiangxi	3483	808515	1024676103	889763587
山　东	Shandong	8831	1792547	2357985333	2093042520
河　南	Henan	3283	880139	878039488	714715454
湖　北	Hubei	6437	1201702	1787600376	1182981522
湖　南	Hunan	4579	1085738	1415176476	1072479420
广　东	Guangdong	44686	6807825	7424829932	5931834994
广　西	Guangxi	1849	370356	642614499	519160351
海　南	Hainan	381	55924	66209168	49360092
重　庆	Chongqing	2430	654500	861009800	741497343
四　川	Sichuan	4250	846457	874137961	617986205
贵　州	Guizhou	1163	201496	222057971	152537053
云　南	Yunnan	1329	225240	403346943	248420909
西　藏	Tibet	49	12458	16831384	11274569
陕　西	Shaanxi	3120	600914	718827846	561341727
甘　肃	Gansu	892	151353	144491981	109422494
青　海	Qinghai	166	47849	69613951	46281981
宁　夏	Ningxia	150	40537	40058399	38408214
新　疆	Xinjiang	583	133149	188371431	151996553

注：2016年报表制度进行了调整，出口的单位由千美元改为千元，后同。

2-2 续表 continued

单位：千元 (1000 yuan)

地 区	Region	净利润 Net Profit	上缴税费 Taxes Submitted	出口总额* Export	年末资产 Year End Assets	年末负债 Year End Liabilities
合 计	**Total**	**2614030019**	**1800077523**	**4500762440**	**56820696144**	**31991103490**
东部地区	Eastern Region	1904087602	1235406449	3714610781	38865159466	21493155117
中部地区	Middle Region	391578944	284978025	478987562	8758623245	5081009510
西部地区	Western Region	243141077	215424785	221114402	7008785229	4117935802
东北地区	Northeast Region	75222397	64268265	86049695	2188128205	1299003062
北 京	Beijing	218540280	155815754	122604954	6532609313	3497699873
天 津	Tianjin	40769821	33475192	85674854	1489679814	865365736
河 北	Hebei	88840411	77738107	77393799	2128492248	1320866258
山 西	Shanxi	25457500	20253203	30224490	685722310	441824541
内 蒙 古	Inner Mongolia	26518225	22543483	15923021	844807549	501777796
辽 宁	Liaoning	41978668	33992698	63445876	1320520752	791683493
吉 林	Jilin	24580113	18353877	8499913	392715291	207094632
黑 龙 江	Heilongjiang	8663616	11921689	14103906	474892162	300224938
上 海	Shanghai	209067801	127047793	273594873	4250259728	2324408903
江 苏	Jiangsu	300120668	206218033	808103559	5720481757	2877166618
浙 江	Zhejiang	337326302	167760927	513210554	4197662825	1984351070
安 徽	Anhui	63757614	50027589	107933369	1651407252	908493177
福 建	Fujian	63274815	32520522	120358079	1057685671	510661871
江 西	Jiangxi	53302336	38033026	86697001	1075883806	590924642
山 东	Shandong	148195424	106389557	288959599	3319531947	1895833124
河 南	Henan	48920621	37530359	70907418	1426370624	831359789
湖 北	Hubei	120497577	79057148	106707587	2039306722	1211446613
湖 南	Hunan	79643296	60076700	76517697	1879932531	1096960749
广 东	Guangdong	492856690	323067542	1421721935	10023468402	6139734112
广 西	Guangxi	26286906	24691675	21334967	635849983	398175982
海 南	Hainan	5095391	5373022	2988573	145287762	77067552
重 庆	Chongqing	31117352	44043707	54128560	1049164555	630256495
四 川	Sichuan	54544323	39184939	61329681	1501256508	880171818
贵 州	Guizhou	10471451	9349433	7243213	350908042	214820737
云 南	Yunnan	21813503	16729916	7024497	536557952	310205732
西 藏	Tibet	4910923	1883436	251875	57541531	23916145
陕 西	Shaanxi	42289411	33175468	34022559	1105092426	600037278
甘 肃	Gansu	9401645	8358259	9144348	271689023	166332157
青 海	Qinghai	-73161	3115897	499750	178823222	129509991
宁 夏	Ningxia	2148482	1925327	4761559	71347076	36569601
新 疆	Xinjiang	13712017	10423246	5450373	405747362	226162070

2-3 计划单列市高新技术企业主要经济指标

Main Economic Indicators of High-tech Enterprises of the Cities Listed Independently in the State Plan

地区	Region	入统企业数（个）Number of Enterprises to Collect Data (unit)	年末从业人员（人）Year End Number of Employees (person)	营业收入（千元）Operating Revenue (1000 yuan)	工业总产值（千元）Gross Industrial Output Value (1000 yuan)
合计	**Total**	**21730**	**3603137**	**4182404795**	**3318889534**
大连	Dalian	1186	191963	261722403	222788513
宁波	Ningbo	1734	497451	529580988	502176530
厦门	Xiamen	1611	301994	224580104	194304703
青岛	Qingdao	3079	340990	475290371	368690947
深圳	Shenzhen	14120	2270739	2691230929	2030928841

2-3 续表 continued

单位：千元 (1000 yuan)

地区	Region	净利润 Net Profit	上缴税费 Taxes Submitted	出口总额 Export	年末资产 Year End Assets	年末负债 Year End Liabilities
合计	**Total**	**319953513**	**177808074**	**774663190**	**6905723287**	**4344519393**
大连	Dalian	11732260	10925866	35178517	431266557	257574611
宁波	Ningbo	49123883	24162495	103526230	692954947	351882226
厦门	Xiamen	20866663	8884656	56067561	324980253	145064889
青岛	Qingdao	28462987	20831200	53360647	672986505	394367047
深圳	Shenzhen	209767720	113003856	526530235	4783535024	3195630621

2-4 副省级城市高新技术企业主要经济指标

Main Economic Indicators of High-tech Enterprises of the Deputy Provincial Level Cities

地　区	Region	入统企业数（个）Number of Enterprises to Collect Data (unit)	年末从业人员（人）Year End Number of Employees (person)	营业收入（千元）Operating Revenue (1000 yuan)	工业总产值（千元）Gross Industrial Output Value (1000 yuan)
合　计	**Total**	**31752**	**4554996**	**5985602929**	**3510068854**
沈　阳	Shenyang	1222	218370	206060575	167435459
长　春	Changchun	650	132030	176527665	145260810
哈尔滨	Harbin	769	148542	136389696	108718296
南　京	Nanjing	3095	474582	642256363	416837409
杭　州	Hangzhou	3752	754270	1079580237	548314076
济　南	Jinan	1526	270390	453487934	356145595
武　汉	Wuhan	3438	512617	887521857	322643722
广　州	Guangzhou	11642	1080700	1373779588	806557318
成　都	Chengdu	3053	537643	526766396	287178177
西　安	Xi'an	2605	425852	503232618	350977990

2-4 续表 continued

单位：千元 (1000 yuan)

地　区	Region	净利润 Net Profit	上缴税费 Taxes Submitted	出口总额 Export	年末资产 Year End Assets	年末负债 Year End Liabilities
合　计	**Total**	**480121098**	**301580122**	**480622419**	**8411831178**	**4600939988**
沈　阳	Shenyang	9305421	8337053	11335872	423143419	262048437
长　春	Changchun	14603213	10493399	5266338	220546172	117630696
哈尔滨	Harbin	4628814	7561410	10129399	310046440	194069832
南　京	Nanjing	49258086	31621367	50521654	955095743	508860662
杭　州	Hangzhou	176613491	71935596	105751781	1609308735	730247903
济　南	Jinan	24742055	16980347	52575650	510112499	301580622
武　汉	Wuhan	61699343	40612499	54527313	1065659740	650773911
广　州	Guangzhou	81585589	69428290	125835776	1596994713	877693775
成　都	Chengdu	29333969	24090644	39726295	968349318	550418820
西　安	Xi'an	28351120	20519517	24952340	752574400	407615331

2-5 各地区高新技术企业收入情况

Revenue Statistics of High-tech Enterprises by Region

单位：千元 (1000 yuan)

地区	Region	营业收入 Operating Revenue	技术收入 Technical Income	产品销售收入 Product Sales Income	商品销售收入 Commodity Sales Income
合　计	**Total**	**38920373059**	**4487721648**	**31872417443**	**745880626**
东部地区	Eastern Region	26363113908	3293413499	21176898751	539436697
中部地区	Middle Region	6724593808	609288274	5815295116	65597529
西部地区	Western Region	4568877885	526188009	3734280673	123007716
东北地区	Northeast Region	1263787458	58831866	1145942903	17838684
北　京	Beijing	3208200881	1139945111	1273257030	263757453
天　津	Tianjin	881712298	128328469	697697758	12721619
河　北	Hebei	1638297060	67833090	1474863568	24155808
山　西	Shanxi	471862904	18463995	439029970	3084673
内蒙古	Inner Mongolia	387515718	18645725	343953252	12270642
辽　宁	Liaoning	792773575	38495749	714894418	14395770
吉　林	Jilin	249700829	7429825	232263917	2346040
黑龙江	Heilongjiang	221313053	12906292	198784568	1096874
上　海	Shanghai	2654756258	574247377	1907797080	30362752
江　苏	Jiangsu	4358215409	182257075	3972025308	60633250
浙　江	Zhejiang	3040934505	375237634	2537577824	23084107
安　徽	Anhui	1147238462	61622904	1023236777	16117616
福　建	Fujian	731973063	39541323	668206012	4813712
江　西	Jiangxi	1024676103	32737341	946590886	21699902
山　东	Shandong	2357985333	89157532	2161914088	28795644
河　南	Henan	878039488	43357948	796030504	4877836
湖　北	Hubei	1787600376	266530609	1439996549	12155657
湖　南	Hunan	1415176476	186575478	1170410431	7661843
广　东	Guangdong	7424829932	690352415	6427078665	89375387
广　西	Guangxi	642614499	59181957	550420435	5845313
海　南	Hainan	66209168	6513472	56481416	1736964
重　庆	Chongqing	861009800	43034060	773197116	17472707
四　川	Sichuan	874137961	166834395	663938539	18965681
贵　州	Guizhou	222057971	21717649	192269392	2003650
云　南	Yunnan	403346943	40561411	325182758	29717820
西　藏	Tibet	16831384	2466386	12447568	1565259
陕　西	Shaanxi	718827846	111145896	529742165	26809138
甘　肃	Gansu	144491981	11556197	123712671	3499276
青　海	Qinghai	69613951	19901636	46840355	355391
宁　夏	Ningxia	40058399	464495	37099909	1122701
新　疆	Xinjiang	188371431	30678201	135476512	3380138

2-6 计划单列市高新技术企业收入情况

Revenue Statistics of High-tech Enterprises of the Cities Listed Independently in the State Plan

单位：千元 (1000 yuan)

地 区	Region	营业收入 Operating Revenue	技术收入 Technical Income	产品销售收入 Product Sales Income	商品销售收入 Commodity Sales Income
合 计	**Total**	**4182404795**	**461221716**	**3544427887**	**51832413**
大 连	Dalian	261722403	10174366	244017098	2803767
宁 波	Ningbo	529580988	10200759	502176434	2786017
厦 门	Xiamen	224580104	15583614	198136756	1597157
青 岛	Qingdao	475290371	27080155	420688094	13769717
深 圳	Shenzhen	2691230929	398182822	2179409505	30875755

2-7 副省级城市高新技术企业收入情况

Revenue Statistics of High-tech Enterprises of the Deputy Provincial Level Cities

单位：千元 (1000 yuan)

地 区	Region	营业收入 Operating Revenue	技术收入 Technical Income	产品销售收入 Product Sales Income	商品销售收入 Commodity Sales Income
合 计	**Total**	**5985602929**	**1235161891**	**4422177009**	**88598325**
沈 阳	Shenyang	206060575	18727730	179833745	729846
长 春	Changchun	176527665	6759440	161874182	1926684
哈尔滨	Harbin	136389696	9880930	119556184	446629
南 京	Nanjing	642256363	100561582	490616419	29477647
杭 州	Hangzhou	1079580237	357225530	653279925	11197286
济 南	Jinan	453487934	36758949	404398903	2861502
武 汉	Wuhan	887521857	231919192	600856929	6544313
广 州	Guangzhou	1373779588	213774335	1110771987	16505351
成 都	Chengdu	526766396	156578057	350751106	8327256
西 安	Xi'an	503232618	102976145	350237628	10581810

2-8 各地区高新技术企业人员情况

Personnel Statistics of High-tech Enterprises by Region

单位：人 (person)

地区	Region	年末从业人员 Year End Number of Employees	留学归国人员 Returned Overseas Scholars	外籍常驻人员 Foreign Personnel in Residence	大专以上 College and Higher Level
合计	**Total**	**31315617**	**133937**	**57507**	**15737879**
东部地区	Eastern Region	21362301	110325	38670	10596663
中部地区	Middle Region	5359074	12927	15608	2627312
西部地区	Western Region	3521998	7588	2675	1924411
东北地区	Northeast Region	1072244	3097	554	589493
北京	Beijing	2322720	30345	3613	1840610
天津	Tianjin	603507	2106	576	366173
河北	Hebei	1111585	1012	654	486106
山西	Shanxi	384237	369	81	195697
内蒙古	Inner Mongolia	237689	182	63	120319
辽宁	Liaoning	651153	2647	403	356365
吉林	Jilin	195133	249	131	103990
黑龙江	Heilongjiang	225958	201	20	129138
上海	Shanghai	1619521	31996	6754	1140536
江苏	Jiangsu	3525289	11730	10963	1632145
浙江	Zhejiang	2768988	7328	3426	1084216
安徽	Anhui	998743	2426	1113	464541
福建	Fujian	754395	1374	2231	318299
江西	Jiangxi	808515	2092	731	311202
山东	Shandong	1792547	2965	1492	894167
河南	Henan	880139	1058	7159	407962
湖北	Hubei	1201702	4017	5275	672909
湖南	Hunan	1085738	2965	1249	575001
广东	Guangdong	6807825	21298	8904	2799841
广西	Guangxi	370356	471	191	173209
海南	Hainan	55924	171	57	34570
重庆	Chongqing	654500	939	658	312466
四川	Sichuan	846457	2507	538	476383
贵州	Guizhou	201496	165	81	104494
云南	Yunnan	225240	277	66	120895
西藏	Tibet	12458	75	4	9552
陕西	Shaanxi	600914	2587	852	388764
甘肃	Gansu	151353	184	15	87246
青海	Qinghai	47849	19	7	27049
宁夏	Ningxia	40537	28	6	21267
新疆	Xinjiang	133149	154	194	82767

2-9 计划单列市高新技术企业人员情况

Personnel Statistics of High-tech Enterprises of the Cities Listed Independently in the State Plan

单位：人 (person)

地区	Region	年末从业人员 Year End Number of Employees	留学归国人员 Returned Overseas Scholars	外籍常驻人员 Foreign Personnel in Residence	大专以上 College and Higher Level
合计	**Total**	**3603137**	**19624**	**7279**	**1811964**
大连	Dalian	191963	1523	267	110287
宁波	Ningbo	497451	1511	1500	175053
厦门	Xiamen	301994	582	1453	135255
青岛	Qingdao	340990	1017	320	182081
深圳	Shenzhen	2270739	14991	3739	1209288

2-10 副省级城市高新技术企业人员情况

Personnel Statistics of High-tech Enterprises of the Deputy Provincial Level Cities

单位：人 (person)

地区	Region	年末从业人员 Year End Number of Employees	留学归国人员 Returned Overseas Scholars	外籍常驻人员 Foreign Personnel in Residence	大专以上 College and Higher Level
合计	**Total**	**4554996**	**18762**	**6635**	**2998841**
沈阳	Shenyang	218370	903	90	148393
长春	Changchun	132030	197	79	77218
哈尔滨	Harbin	148542	170	14	93150
南京	Nanjing	474582	2231	591	334115
杭州	Hangzhou	754270	4042	796	479421
济南	Jinan	270390	640	391	190265
武汉	Wuhan	512617	2793	2409	384893
广州	Guangzhou	1080700	3262	1137	633415
成都	Chengdu	537643	2216	332	356905
西安	Xi'an	425852	2308	796	301066

2-11 各地区高新技术企业R&D活动与科技活动情况

R&D Activities and Science and Technology Activities Statistics of High-tech Enterprises by Region

地 区	Region	科技活动人员（人）Personnel Engaged in Science and Technology Activities (person)	R&D人员（人）R&D Personnel (person)	R&D人员全时当量（人年）R&D Personnel Full Time Equivalent (man year)	科技活动经费内部支出（千元）Intramural Expenditures on Science and Technology Activities (1000 yuan)	R&D经费内部支出（千元）Intramural Expenditure on R&D (1000 yuan)
合 计	**Total**	**7566809**	**4370797**	**2857665**	**1971761540**	**1084666877**
东部地区	Eastern Region	5287260	3021920	1977610	1417348502	779600748
中部地区	Middle Region	1205928	757832	498396	295154193	172950055
西部地区	Western Region	824405	454043	295845	203293294	105180800
东北地区	Northeast Region	249216	137002	85814	55965551	26935274
北 京	Beijing	790691	263619	168979	252246499	93978739
天 津	Tianjin	163208	127339	77017	39444536	29011963
河 北	Hebei	229404	117052	72917	65409626	32215986
山 西	Shanxi	82047	33023	19159	19582487	5916809
内蒙古	Inner Mongolia	48900	19658	13015	15391318	3931348
辽 宁	Liaoning	149377	92975	59121	35450512	18639500
吉 林	Jilin	47397	17343	10342	9651113	3198559
黑龙江	Heilongjiang	52442	26684	16350	10863926	5097216
上 海	Shanghai	558316	203637	137503	167890164	60466265
江 苏	Jiangsu	781916	521368	375061	211898007	130494489
浙 江	Zhejiang	598068	380271	256460	151556900	89664438
安 徽	Anhui	234861	137810	87500	55217077	31516217
福 建	Fujian	173968	116144	74990	37520949	23836199
江 西	Jiangxi	162533	120315	72284	40726149	29168453
山 东	Shandong	392744	215040	134797	95379889	47447864
河 南	Henan	186727	97221	70763	40124290	19769185
湖 北	Hubei	309278	223416	154461	77863854	48877990
湖 南	Hunan	230482	146048	94230	61640336	37701401
广 东	Guangdong	1583857	1073004	677695	392943878	271753988
广 西	Guangxi	79568	38660	21860	20650465	8332231
海 南	Hainan	15088	4446	2190	3058055	730817
重 庆	Chongqing	128065	81850	46895	32452852	20208339
四 川	Sichuan	207420	115214	71767	44242447	23305467
贵 州	Guizhou	44878	19773	11648	9780585	3706251
云 南	Yunnan	55326	33627	21371	15468017	9711567
西 藏	Tibet	3419	808	363	761516	215872
陕 西	Shaanxi	181974	115581	92261	47555674	30604990
甘 肃	Gansu	31510	11463	6907	5487480	1295848
青 海	Qinghai	9441	3027	1940	2351556	627113
宁 夏	Ningxia	8013	5876	3182	2113895	1505705
新 疆	Xinjiang	25891	8506	4634	7037491	1736068

2-12 计划单列市高新技术企业R&D活动与科技活动情况

R&D Activities and Science and Technology Activities Statistics of High-tech Enterprises of the Cities Listed Independently in the State Plan

地 区	Region	科技活动人员（人）Personnel Engaged in Science and Technology Activities (person)	R&D人员（人）R&D Personnel (person)	R&D人员全时当量（人年）R&D Personnel Full Time Equivalent (man year)	科技活动经费内部支出（千元）Intramural Expenditures on Science and Technology Activities (1000 yuan)	R&D经费内部支出（千元）Intramural Expenditure on R&D (1000 yuan)
合 计	**Total**	**931654**	**672727**	**433052**	**252410863**	**184363729**
大 连	Dalian	48146	34654	19097	11063193	6400286
宁 波	Ningbo	92436	74295	49908	24099979	18765687
厦 门	Xiamen	71631	59467	36726	13009342	10461555
青 岛	Qingdao	88567	43647	28524	19797627	10847507
深 圳	Shenzhen	630874	460664	298799	184440722	137888694

2-13 副省级城市高新技术企业R&D活动与科技活动情况

R&D Activities and Science and Technology Activities Statistics of High-tech Enterprises of the Deputy Provincial Level Cities

地 区	Region	科技活动人员（人）Personnel Engaged in Science and Technology Activities (person)	R&D人员（人）R&D Personnel (person)	R&D人员全时当量（人年）R&D Personnel Full Time Equivalent (man year)	科技活动经费内部支出（千元）Intramural Expenditures on Science and Technology Activities (1000 yuan)	R&D经费内部支出（千元）Intramural Expenditure on R&D (1000 yuan)
合 计	**Total**	**1387274**	**880503**	**603394**	**330628828**	**200786481**
沈 阳	Shenyang	56132	32932	22314	12008898	5833258
长 春	Changchun	33943	11480	6884	7298450	2345684
哈尔滨	Harbin	37911	19201	12238	7748278	3681669
南 京	Nanjing	153490	124853	85716	37214192	28023522
杭 州	Hangzhou	244788	126830	94653	68176438	33914825
济 南	Jinan	81525	51709	33310	16082149	10172498
武 汉	Wuhan	166418	135084	96613	40780031	27516109
广 州	Guangzhou	322975	203117	121750	72746022	47448247
成 都	Chengdu	145272	80408	51847	29629836	15586717
西 安	Xi'an	144820	94888	78070	38944535	26263952

2-14 高新技术企业主要经济指标(按登记注册类型分类)

Main Economic Indicators of High-tech Enterprises by Registration Category

企业登记注册类型 Registration Category	入统企业数 (个) Number of Enterprises to Collect Data (unit)	年末从业人员 (人) Year End Number of Employees (person)	营业收入 (千元) Operating Revenue (1000 yuan)	工业总产值 (千元) Gross Industrial Output Value (1000 yuan)
合 计 Total	**172262**	**31315617**	**38920373059**	**28870626462**
国有企业 State-owned Enterprises	3522	2291849	3755343831	1900061863
集体企业 Collective-owned Enterprises	169	33550	52215392	39375195
股份合作企业 Cooperative Enterprises	516	84585	86490840	83301089
联营企业 Joint Ownership Enterprises	98	27177	47033805	46073442
有限责任公司 Limited Liability Corporations	56751	9334255	12425231217	8199216873
股份有限公司 Share-holding Corporations Ltd.	15950	5813815	7396241001	5793795903
私营企业 Private Enterprises	82841	8232515	7965060599	6704655130
港澳台投资企业 Enterprises with Funds from HongKong, Macao and Taiwan	5600	2837847	3446559149	2713580047
外商投资企业 Foreign Funded Enterprises	5961	2484287	3615430982	3283689878

2-14 续表 continued

单位：千元 (1000 yuan)

企业登记注册类型 Registration Category	净利润 Net Profit	上缴税费 Taxes Submitted	出口总额 Export	年末资产 Year End Assets	年末负债 Year End Liabilities
合 计 Total	**2614030019**	**1800077523**	**4500762440**	**56820696144**	**31991103490**
国有企业 State-owned Enterprises	151495414	130848645	151560042	5751560291	3710584923
集体企业 Collective-owned Enterprises	2248986	1785381	1106293	45764347	24386897
股份合作企业 Cooperative Enterprises	6324385	4509867	6729099	126066158	66870601
联营企业 Joint Ownership Enterprises	359758	1008071	2140879	48818894	32565778
有限责任公司 Limited Liability Corporations	679517885	518852429	1003681021	17388079509	11149561355
股份有限公司 Share-holding Corporations Ltd.	636068782	395769438	837817512	14894103565	7170969699
私营企业 Private Enterprises	422317593	343599387	927993088	9366735126	5339887476
港澳台投资企业 Enterprises with Funds from HongKong, Macao and Taiwan	405148624	195929559	746324744	4786501013	2274856444
外商投资企业 Foreign Funded Enterprises	295277154	201570114	806606417	4227210602	2141271058

2-15 高新技术企业收入情况(按登记注册类型分类)
Revenue Statistics of High-tech Enterprises by Registration Category

单位：千元 (1000 yuan)

企业登记注册类型 Registration Category	营业收入 Operating Revenue	技术收入 Technical Income	产品销售收入 Product Sales Income	商品销售收入 Commodity Sales Income
合　计 Total	**38920373059**	**4487721648**	**31872417443**	**745880626**
国有企业 State-owned Enterprises	3755343831	724322593	2816736988	54680304
集体企业 Collective-owned Enterprises	52215392	4921103	43804971	1936764
股份合作企业 Cooperative Enterprises	86490840	2402052	80438874	574964
联营企业 Joint Ownership Enterprises	47033805	1087573	44925974	65442
有限责任公司 Limited Liability Corporations	12425231217	1935911556	9398214595	211379893
股份有限公司 Share-holding Corporations Ltd.	7396241001	545868973	6348528178	180662490
私营企业 Private Enterprises	7965060599	540043770	7049705207	159415007
港澳台投资企业 Enterprises with Funds from HongKong, Macao and Taiwan	3446559149	580286210	2713207403	40378002
外商投资企业 Foreign Funded Enterprises	3615430982	145644964	3258956472	95799247

2-16 高新技术企业人员情况(按登记注册类型分类)
Personnel Statistics of High-tech Enterprises by Registration Category

单位：人 (person)

企业登记注册类型 Registration Category	年末从业人员 Year End Number of Employees	留学归国人员 Returned Overseas Scholars	外籍常驻人员 Foreign Personnel in Residence	大专以上 College and Higher Level
合　计 Total	**31315617**	**133937**	**57507**	**15737879**
国有企业 State-owned Enterprises	2291849	9989	1236	1491529
集体企业 Collective-owned Enterprises	33550	54	1	15359
股份合作企业 Cooperative Enterprises	84585	264	33	40467
联营企业 Joint Ownership Enterprises	27177	31	1	11496
有限责任公司 Limited Liability Corporations	9334255	36965	16224	4965712
股份有限公司 Share-holding Corporations Ltd.	5813815	35351	9553	3123588
私营企业 Private Enterprises	8232515	23240	7411	3810057
港澳台投资企业 Enterprises with Funds from HongKong, Macao and Taiwan	2837847	14495	7774	1127906
外商投资企业 Foreign Funded Enterprises	2484287	13215	15050	1092572

2-17 高新技术企业主要经济指标(按企业划型标准分类)

Main Economic Indicators of High-tech Enterprises by the Enterprise Scale

企业规模 Enterprise Scale	入统企业数 (个) Number of Enterprises to Collect Data (unit)	年末从业人员 (人) Year End Number of Employees (person)	营业收入 (千元) Operating Revenue (1000 yuan)	工业总产值 (千元) Gross Industrial Output Value (1000 yuan)
合　计 **Total**	**172262**	**31315617**	**38920373059**	**28870626462**
大型企业 Large Enterprises	6884	13486694	22013080636	14535410993
中型企业 Medium Enterprises	26297	9336749	11138318306	9204467740
小型企业 Small Enterprises	111936	8165918	5669194235	5048191305
微型企业 Micro Enterprises	27145	326256	99779882	82556424

2-17 续表 continued

单位：千元 (1000 yuan)

企业规模 Enterprise Scale	净利润 Net Profit	上缴税费 Taxes Submitted	出口总额 Export	年末资产 Year End Assets	年末负债 Year End Liabilities
合　计 **Total**	**2614030019**	**1800077523**	**4500762440**	**56820696144**	**31991103490**
大型企业 Large Enterprises	1602821463	987686764	2611983049	31327865793	18473475240
中型企业 Medium Enterprises	771799933	523288667	1326736492	16370779955	8832003715
小型企业 Small Enterprises	254599521	284364807	558806728	8648805404	4473642307
微型企业 Micro Enterprises	-15190898	4737285	3236170	473244992	211982229

2-18　高新技术企业收入情况(按企业划型标准分类)

Revenue Statistics of High-tech Enterprises by the Enterprise Scale

单位：千元　　(1000 yuan)

企业规模 Enterprise Scale	营业收入 Operating Revenue	技术收入 Technical Income	产品销售收入 Product Sales Income	商品销售收入 Commodity Sales Income
合　计 Total	**38920373059**	**4487721648**	**31872417443**	**745880626**
大型企业 Large Enterprises	22013080636	3237641689	17081037316	387622304
中型企业 Medium Enterprises	11138318306	875804432	9653849599	234898846
小型企业 Small Enterprises	5669194235	363158639	5056850305	118401054
微型企业 Micro Enterprises	99779882	11116887	80680223	4958421

2-19　高新区企业人员情况(按企业划型标准分类)

Personnel Statistics of Enterprises in National Hi-tech Zones by the Enterprise Scale

单位：人　　(person)

企业规模 Enterprise Scale	年末从业人员 Year End Number of Employees	留学归国人员 Returned Overseas Scholars	外籍常驻人员 Foreign Personnel in Residence	大专以上 College and Higher Level
合　计 Total	**31315617**	**133937**	**57507**	**15737879**
大型企业 Large Enterprises	13486694	77721	30505	7278306
中型企业 Medium Enterprises	9336749	27752	14358	4315528
小型企业 Small Enterprises	8165918	25487	11741	3924027
微型企业 Micro Enterprises	326256	2977	903	220018

2-20 高新技术企业中高技术产业制造业企业主要经济指标(按行业类别分类)

Main Indicators of High-tech Enterprises in Hi-tech Manufacture Fields by Industry Field

行业类别 Industry Field	入统企业数(个) Number of Enterprises to Collect Data (unit)	年末从业人员(人) Year End Number of Employees (person)	营业收入(千元) Operating Revenue (1000 yuan)	工业总产值(千元) Gross Industrial Output Value (1000 yuan)
合　计 Total	**26609**	**6622439**	**7001675065**	**7058859036**
医药制造业 Manufacture of Medicines	4134	1217386	1197807934	1260079947
航空、航天器及设备制造业 Manufacture of Aircrafts and Spacecrafts and Related Equipment	683	360995	308655513	304196683
电子及通信设备制造业 Manufacture of Electronic Equipment and Communication Equipment	12991	3862457	4411465762	4425612846
计算机及办公设备制造业 Manufacture of Computers and Office Equipment	1604	377294	511344554	489369583
医疗仪器设备及仪器仪表制造业 Manufacture of Medical Equipments and Measuring Instrument	7148	788973	553549831	560695400
信息化学品制造业 Manufacture of Information Chemicals	49	15334	18851471	18904577

2-20 续表 continued

单位：千元 (1000 yuan)

行业类别 Industry Field	净利润 Net Profit	上缴税费 Taxes Submitted	出口总额 Export	年末资产 Year End Assets	年末负债 Year End Liabilities
合　计 Total	**555334622**	**353376897**	**1736530592**	**10297042516**	**5037449427**
医药制造业 Manufacture of Medicines	187172529	135826289	102879554	2218971988	888675849
航空、航天器及设备制造业 Manufacture of Aircrafts and Spacecrafts and Related Equipment	18547023	6995520	18703670	747084825	407984721
电子及通信设备制造业 Manufacture of Electronic Equipment and Communication Equipment	257125305	156559666	1373329213	5766885805	3037463770
计算机及办公设备制造业 Manufacture of Computers and Office Equipment	27499064	14799485	158045276	546337565	282023053
医疗仪器设备及仪器仪表制造业 Manufacture of Medical Equipments and Measuring Instrument	64596080	38662081	80037767	981433381	404947384
信息化学品制造业 Manufacture of Information Chemicals	394621	533856	3535112	36328953	16354651

2-21 高新技术企业中高技术产业服务业企业主要经济指标(按行业类别分类)

Main Indicators of High-tech Enterprises in Hi-tech Service Fields by Industry Field

行业类别 Industry Field	入统企业数 (个) Number of Enterprises to Collect Data (unit)	年末从业人员 (人) Year End Number of Employees (person)	营业收入 (千元) Operating Revenue (1000 yuan)	主营业务收入 (千元) Revenue from Principal Business (1000 yuan)
合　计 **Total**	**51673**	**4865660**	**4719510680**	**4641765282**
信息服务 Information Service	37833	3361023	3199408688	3144335650
电子商务服务 E-commerce Service	79	23425	51286707	50886489
检验检测服务 Inspection and Testing Service	1501	168071	67501071	66541754
专业技术服务业的高技术服务 Hi-tech Service in Professional Technology Service	1979	604126	752288228	746521260
研发与设计服务 R&D and Design Service	3534	349651	326371295	316732854
科技成果转化服务 Technology Results Transfer Service	4834	224896	180977332	177775625
知识产权及相关法律服务 IPR and Related Legal Service	113	10441	5379728	4185003
环境监测及治理服务 Environmental Monitoring and Control	1800	124027	136297630	134786647

2-21 续表 continued

单位：千元 (1000 yuan)

行业类别 Industry Field	净利润 Net Profit	上缴税费 Taxes Submitted	出口总额 Export	年末资产 Year End Assets	年末负债 Year End Liabilities
合　计 **Total**	**517516617**	**279916100**	**139321149**	**9551990721**	**5284538260**
信息服务 Information Service	401744464	203118284	83349038	6365864317	3507856024
电子商务服务 E-commerce Service	3460563	1666794	11068	155313303	131447729
检验检测服务 Inspection and Testing Service	10597971	4496315	191936	107419792	42828336
专业技术服务业的高技术服务 Hi-tech Service in Professional Technology Service	60600536	38902064	38176810	1240029667	750695984
研发与设计服务 R&D and Design Service	20988755	14603433	14174517	741553308	376649918
科技成果转化服务 Technology Results Transfer Service	6398650	8582867	3152851	579956291	276556606
知识产权及相关法律服务 IPR and Related Legal Service	383327	343879	24406	9912385	4894337
环境监测及治理服务 Environmental Monitoring and Control	13342352	8202464	240524	351941658	193609325

第三部分

科技企业孵化器

The Third Part

Technology Business Incubators (TBIs)

3-1 全国科技企业孵化器主要经济指标
Main Economic Indicators of TBIs

年 份 Year	统计孵化器数量 (个) Number of TBIs with Data (unit)	场地面积 (万平方米) Space Area (10000 sq.m)	在孵企业 (个) Number of Tenants (unit)	在孵企业总收入 (亿元) Total Income of Incubatees (100 million yuan)	在孵企业从业人员数 (万人) Number of Employees of Incubatees (10000 person)	累计毕业企业 (个) Accumulated Number of Graduated Tenants (unit)
1995	73	40.2	1854	24.2	2.6	364
1996	80	56.6	2476	36.3	3.8	648
1997	80	77.5	2670	40.8	4.6	825
1998	77	88.4	4138	60.7	6.9	1316
1999	110	188.8	5293	95.8	9.2	1934
2000	164	339.5	8653	207.0	14.4	2790
2001	324	634.7	14270	422.4	28.4	4281
2002	378	632.6	20993	230.5	36.3	6207
2003	431	1358.9	27285	759.3	48.3	8981
2004	464	1515.1	33213	1121.7	55.2	11718
2005	534	1969.9	39491	1625.4	71.7	15815
2006	548	2008.0	41434	1926.7	79.3	19896
2007	614	2269.8	44750	2621.9	93.3	23394
2008	670	2315.5	44346	1866.2	92.8	31764
2009	772	2901.3	50511	2000.8	101.2	32301
2010	896	3043.9	56382	3329.5	117.8	36485
2011	1034	3472.1	60936	3800.6	125.6	39562
2012	1239	4375.8	70217	4147.1	143.7	45160
2013	1464	5379.3	77677	3308.8	158.3	52146
2014	1748	6877.8	78965	3696.4	141.7	61944
2015	2533	8680.0	102170	4810.4	166.2	74853
2016	3255	10732.8	133286	4792.7	212.1	89694
2017	4063	11967.4	177542	6335.7	259.6	110701
2018	4849	13192.9	206024	8343.0	290.2	139396

3-2 各地区科技企业孵化器基本情况

General Statistics of TBIs by Region

地　区	Region	统计孵化器数量（个）Number of TBIs with Data (unit)	孵化器总收入（千元）Total Income of TBIs (1000 yuan)	管理机构从业人员数（人）Number of Management Personnel (person)	孵化基金总额（千元）Total Incubator Fund (1000 yuan)	创业导师人数（人）Number of Innovation Mentors (person)	对公共技术服务平台投资额（千元）Investment into the Public Service Platform (1000 yuan)
合　计	**Total**	**4849**	**45071498**	**72955**	**107123441**	**61482**	**7358600**
东部地区	Eastern Region	3138	31914190	43699	76404277	36574	5005025
中部地区	Middle Region	715	5847346	11413	9427329	10360	1271694
西部地区	Western Region	638	5781854	12057	18139525	10439	796996
东北地区	Northeast Region	358	1528109	5786	3152310	4109	284885
北　京	Beijing	152	4162124	3119	20525058	4472	261789
天　津	Tianjin	72	389606	909	856742	1157	61577
河　北	Hebei	228	1236483	3438	2909409	2718	103350
山　西	Shanxi	59	437604	1058	411082	920	42098
内蒙古	Inner Mongolia	51	370614	1896	188940	1353	50759
辽　宁	Liaoning	68	492029	1324	527863	825	49897
吉　林	Jilin	112	683178	2214	1560608	1538	181828
黑龙江	Heilongjiang	178	352903	2248	1063839	1746	53159
上　海	Shanghai	180	2001548	2494	10832254	1885	128736
江　苏	Jiangsu	695	6999228	10066	12920479	6403	1944373
浙　江	Zhejiang	321	2485733	4288	9394430	4292	593875
安　徽	Anhui	157	597441	1830	2071161	1406	132192
福　建	Fujian	144	732437	1840	1914735	1738	120291
江　西	Jiangxi	53	1296516	1270	1724501	1095	135638
山　东	Shandong	378	2081892	5557	4356809	5457	910334
河　南	Henan	169	719142	2763	1484042	2443	203739
湖　北	Hubei	192	2049706	2852	1985206	3204	603556
湖　南	Hunan	85	746937	1640	1751337	1292	154473
广　东	Guangdong	962	11808292	11848	12431861	8341	869073
广　西	Guangxi	89	224661	993	136750	1121	72026
海　南	Hainan	6	16847	140	262500	111	11626
重　庆	Chongqing	65	264032	959	1334600	1040	36193
四　川	Sichuan	147	1303115	2038	1504630	2493	278994
贵　州	Guizhou	31	1169462	1007	534420	219	52798
云　南	Yunnan	33	136251	549	382800	734	29376
西　藏	Tibet	1		8	10000	24	200
陕　西	Shaanxi	69	1112263	1508	11485935	1315	137090
甘　肃	Gansu	86	554476	1709	1018619	829	70439
青　海	Qinghai	14	196774	350	1231200	492	23937
宁　夏	Ningxia	18	74992	319	150400	226	7470
新　疆	Xinjiang	24	200216	529	126231	480	34605
新疆兵团	Xinjiang Corps	10	174999	192	35000	113	3110

3-3 各地区科技企业孵化器孵化企业情况

Tenants Statistics of TBIs by Region

单位：个 (unit)

地 区	Region	在孵企业数 Number of Tenants	高新技术企业 Hi-tech Enterprises	当年新增在孵企业 New Incubatees	累计毕业企业 Accumulated Number of Graduated Tenants	当年毕业企业 Number of Graduated Tenants of the Year	收入达5千万元企业数 Number of Tenants with Income More than 50 million yuan
合 计	**Total**	**206024**	**13672**	**60309**	**139396**	**23457**	**3272**
东部地区	Eastern Region	128984	9367	38354	87803	14762	2215
中部地区	Middle Region	36285	2074	9980	24658	4264	630
西部地区	Western Region	27794	1594	8127	18208	3258	347
东北地区	Northeast Region	12961	637	3848	8727	1173	80
北 京	Beijing	9629	2112	3138	14986	1654	114
天 津	Tianjin	4263	239	1201	2220	362	58
河 北	Hebei	6788	435	2089	3535	753	83
山 西	Shanxi	2435	226	565	1797	349	17
内蒙古	Inner Mongolia	1926	93	525	1621	259	9
辽 宁	Liaoning	3940	222	990	3912	410	26
吉 林	Jilin	3616	216	1122	1932	401	37
黑龙江	Heilongjiang	5405	199	1736	2883	362	17
上 海	Shanghai	8730	449	2131	3399	426	133
江 苏	Jiangsu	31382	1928	7873	21460	3485	738
浙 江	Zhejiang	15709	761	5076	11335	1969	219
安 徽	Anhui	5896	299	1571	3290	509	97
福 建	Fujian	3380	324	1018	3276	485	114
江 西	Jiangxi	2987	155	650	1930	437	66
山 东	Shandong	16840	832	4687	11333	2177	264
河 南	Henan	9096	379	2500	6811	1155	193
湖 北	Hubei	10344	638	3196	7287	1193	104
湖 南	Hunan	5527	377	1498	3543	621	153
广 东	Guangdong	30928	2260	10803	16175	3425	490
广 西	Guangxi	2842	131	1125	1431	231	26
海 南	Hainan	1335	27	338	84	26	2
重 庆	Chongqing	2585	68	740	2340	443	14
四 川	Sichuan	7590	379	2403	4659	799	136
贵 州	Guizhou	1047	83	257	673	134	18
云 南	Yunnan	2073	106	418	1127	156	12
西 藏	Tibet	13	2	4	60	9	6
陕 西	Shaanxi	3644	465	973	3255	465	91
甘 肃	Gansu	2820	140	707	1394	434	7
青 海	Qinghai	457	24	148	440	59	2
宁 夏	Ningxia	629	22	193	277	77	4
新 疆	Xinjiang	1640	63	491	675	119	16
新疆兵团	Xinjiang Corps	528	18	143	256	73	6

3-4 各地区科技企业孵化器孵化场地情况
Space Statistics of TBIs by Region

单位：平方米 (sq.m)

地区	Region	总面积 Total Space Area	办公用房 Space for Office	企业用房 Space for Tenants	服务用房 Space for Service	其他 Others
合计	**Total**	**131929354**	**9191248**	**88831774**	**16611087**	**17295245**
东部地区	Eastern Region	84106403	6128111	56134582	10693101	11150609
中部地区	Middle Region	19585937	1075500	13795595	2392036	2322806
西部地区	Western Region	20988028	1433689	14344672	2644564	2565103
东北地区	Northeast Region	7248986	553948	4556925	881386	1256727
北京	Beijing	3129155	183166	2255734	406687	283567
天津	Tianjin	1365151	72453	1026667	180009	86022
河北	Hebei	5299944	444895	3545496	569199	740354
山西	Shanxi	1231985	48580	864740	168353	150312
内蒙古	Inner Mongolia	1594342	122457	816702	173941	481242
辽宁	Liaoning	1783918	55197	1194725	259808	274188
吉林	Jilin	2880603	355480	1873361	350023	301739
黑龙江	Heilongjiang	2584465	143271	1488839	271555	680800
上海	Shanghai	2382608	150937	1776938	268992	185741
江苏	Jiangsu	24873065	1814219	17406566	2764725	2887555
浙江	Zhejiang	9416933	520232	6918509	1109244	868948
安徽	Anhui	3844873	225918	2863865	420614	334476
福建	Fujian	3426091	238746	1993523	435840	757982
江西	Jiangxi	1620832	106223	1141342	178593	194675
山东	Shandong	14618880	950033	9319169	1933693	2415985
河南	Henan	5043148	185039	3862746	593608	401755
湖北	Hubei	4628962	326104	2800805	583886	918166
湖南	Hunan	3216138	183635	2262098	446983	323422
广东	Guangdong	19491717	1748041	11817661	3007371	2918644
广西	Guangxi	2050624	86589	1438932	304382	220721
海南	Hainan	102858	5389	74319	17340	5810
重庆	Chongqing	909089	49420	637632	131919	90119
四川	Sichuan	3435967	187824	2488654	420603	338886
贵州	Guizhou	3716357	186600	2872358	346824	310576
云南	Yunnan	672423	31675	519319	77971	43459
西藏	Tibet	2395	200	1600	595	
陕西	Shaanxi	2488741	128309	1869890	290462	200079
甘肃	Gansu	3069666	453389	1746759	414162	455356
青海	Qinghai	1185734	36929	926841	132541	89422
宁夏	Ningxia	504847	58009	339878	65562	41398
新疆	Xinjiang	808849	67139	448599	261113	31998
新疆兵团	Xinjiang Corps	548993	25148	237509	24490	261846

3-5 各地区科技企业孵化器当年在孵企业情况

Annual Statistics of Incubatees of TBIs by Region

地 区	Region	在孵企业从业人员数（人）Number of Employees of Incubatees (person)	在孵企业总收入（千元）Total Income of Incubatees (1000 yuan)	当年获得投融资企业数（个）Number of Incubateess Obtained Investment and Finance (unit)	当年获风险投资额（千元）Amount of Venture Capital for Incubatees (1000 yuan)	当年获得孵化基金在孵企业数（个）Number of Incubatees Received Incubator Fund (unit)
合 计	**Total**	**2901597**	**834303896**	**11195**	**62977820**	**11442**
东部地区	Eastern Region	1762406	511732266	7417	53136440	5869
中部地区	Middle Region	583812	198474187	2146	4571880	2651
西部地区	Western Region	384956	93972971	1210	4245022	2405
东北地区	Northeast Region	170423	30124472	422	1024477	517
北 京	Beijing	148238	74634762	618	12855653	254
天 津	Tianjin	59004	7965782	223	343767	203
河 北	Hebei	96169	20101301	219	406792	228
山 西	Shanxi	36958	7081800	118	197010	130
内蒙古	Inner Mongolia	23057	9097931	41	97361	59
辽 宁	Liaoning	58932	9396769	163	356117	172
吉 林	Jilin	61904	13169988	204	293190	222
黑龙江	Heilongjiang	49587	7557715	55	375170	123
上 海	Shanghai	94733	31698998	770	9409563	304
江 苏	Jiangsu	472491	144048098	1948	9408417	1735
浙 江	Zhejiang	189473	41074887	934	4372108	1003
安 徽	Anhui	79969	25029807	334	750476	453
福 建	Fujian	49486	13762755	268	1512077	164
江 西	Jiangxi	50022	13179833	252	250633	371
山 东	Shandong	235216	50733931	671	1296224	881
河 南	Henan	166915	105438227	677	890873	905
湖 北	Hubei	136115	26454436	445	1770522	444
湖 南	Hunan	113833	21290084	320	712367	348
广 东	Guangdong	408950	126256993	1753	13471790	1089
广 西	Guangxi	32765	7333931	84	553051	155
海 南	Hainan	8646	1454760	13	60050	8
重 庆	Chongqing	33487	5162357	103	187030	125
四 川	Sichuan	100874	27984486	371	1436497	1238
贵 州	Guizhou	28198	7873091	48	109244	76
云 南	Yunnan	22958	4890624	26	21601	123
西 藏	Tibet	280	61740			9
陕 西	Shaanxi	73304	16499250	360	1508759	323
甘 肃	Gansu	34407	5415562	88	172313	167
青 海	Qinghai	6969	1960728	3	3972	14
宁 夏	Ningxia	6329	1485458	7	15350	37
新 疆	Xinjiang	15506	3294144	60	129133	66
新疆兵团	Xinjiang Corps	6822	2913670	19	10710	13

3-6 各地区国家级科技企业孵化器基本情况

General Statistics of State Level TBIs by Region

地 区	Region	统计孵化器数量（个）Number of TBIs with Data (unit)	孵化器总收入（千元）Total Income of TBIs (1000 yuan)	管理机构从业人员数（人）Number of Management Personnel (person)	孵化基金总额（千元）Total Incubator Fund (1000 yuan)	创业导师人数（人）Number of Innovation Mentors (person)	对公共技术服务平台投资额（千元）Investment into the Public Service Platform (1000 yuan)
合 计	**Total**	**967**	**17046460**	**20938**	**49931056**	**19833**	**3346868**
东部地区	Eastern Region	604	10528488	11379	34814530	12052	2351944
中部地区	Middle Region	156	2506238	3462	4299992	3107	466103
西部地区	Western Region	143	3149771	4411	9559530	3687	362956
东北地区	Northeast Region	64	861964	1686	1257003	987	165866
北 京	Beijing	55	2137385	1503	16584182	1757	165006
天 津	Tianjin	33	219500	490	478922	652	33708
河 北	Hebei	23	148368	494	355712	413	33203
山 西	Shanxi	13	254609	330	124300	258	6078
内蒙古	Inner Mongolia	10	100415	1269	132010	531	38648
辽 宁	Liaoning	27	379761	803	455400	288	38167
吉 林	Jilin	21	342873	534	425003	503	109036
黑龙江	Heilongjiang	16	139329	349	376600	196	18663
上 海	Shanghai	47	865945	907	1598818	694	80148
江 苏	Jiangsu	175	2974732	3074	6567438	2467	1147297
浙 江	Zhejiang	68	1004342	1208	3041028	1588	183460
安 徽	Anhui	25	166349	429	620141	458	70651
福 建	Fujian	11	341552	271	513755	189	34762
江 西	Jiangxi	18	187191	527	1172131	427	54427
山 东	Shandong	83	806456	1439	2161509	1804	403133
河 南	Henan	36	342049	774	537412	719	110202
湖 北	Hubei	45	1217779	861	1017471	908	172017
湖 南	Hunan	19	338260	541	828537	337	52728
广 东	Guangdong	108	2019707	1927	3263166	2453	261226
广 西	Guangxi	10	111886	222	64000	143	24213
海 南	Hainan	1	10500	66	250000	35	10000
重 庆	Chongqing	16	123580	280	375000	357	9602
四 川	Sichuan	28	645864	508	552413	580	70637
贵 州	Guizhou	6	801098	267	513920	103	24976
云 南	Yunnan	11	81573	226	48800	295	22404
西 藏	Tibet	1		8	10000	24	200
陕 西	Shaanxi	30	950832	844	6723635	822	93271
甘 肃	Gansu	8	100507	202	699172	127	27982
青 海	Qinghai	5	74031	220	320200	348	21700
宁 夏	Ningxia	4	24917	76	38000	30	2306
新 疆	Xinjiang	9	124058	208	66531	238	26776
新疆兵团	Xinjiang Corps	5	11009	81	15850	89	240

注：截至2018年底，全国共有国家级孵化器980家，其中上报数据的国家级孵化器967家，有13家国家级孵化器未上报数据，表中有关数据均为967家上报数据的国家级孵化器汇总数据。

3-7 各地区国家级科技企业孵化器孵化企业情况

Tenants Statistics of State Level TBIs by Region

单位：个 (unit)

地　区	Region	在孵企业数 Number of Tenants	高新技术企业 Hi-tech Enterprises	当年新增在孵企业 New Incubatees	累计毕业企业 Accumulated Number of Graduated Tenants	当年毕业企业 Number of Graduated Tenants of the Year	收入达5千万元企业数 Number of Tenants with Income More than 50 million yuan
合　计	**Total**	**86632**	**7471**	**21297**	**84985**	**9809**	**2309**
东部地区	Eastern Region	53165	4999	12845	53761	6365	1569
中部地区	Middle Region	15362	1169	3925	13814	1568	432
西部地区	Western Region	12491	957	3263	11372	1287	252
东北地区	Northeast Region	5614	346	1264	6038	589	56
北　京	Beijing	5211	1413	1195	8277	834	86
天　津	Tianjin	2571	174	636	1907	273	49
河　北	Hebei	2164	191	483	1848	194	74
山　西	Shanxi	894	149	189	870	117	6
内蒙古	Inner Mongolia	824	44	154	706	76	7
辽　宁	Liaoning	2614	189	554	3024	254	19
吉　林	Jilin	1589	90	364	1269	218	34
黑龙江	Heilongjiang	1411	67	346	1745	117	3
上　海	Shanghai	3446	166	855	2545	167	88
江　苏	Jiangsu	15916	1023	3513	14143	1814	507
浙　江	Zhejiang	6271	406	1874	7076	800	174
安　徽	Anhui	2406	138	658	2046	183	74
福　建	Fujian	1123	189	315	1893	145	105
江　西	Jiangxi	1739	95	444	1152	150	62
山　东	Shandong	7696	506	1720	7880	994	219
河　南	Henan	4185	266	964	3414	432	147
湖　北	Hubei	3961	339	1159	4191	435	69
湖　南	Hunan	2177	182	511	2141	251	74
广　东	Guangdong	8539	931	2217	8134	1128	267
广　西	Guangxi	1144	67	415	1212	107	23
海　南	Hainan	228		37	58	16	
重　庆	Chongqing	1091	25	280	1359	157	14
四　川	Sichuan	2954	205	943	2705	251	78
贵　州	Guizhou	566	63	156	381	60	11
云　南	Yunnan	1056	76	152	786	79	9
西　藏	Tibet	13	2	4	60	9	6
陕　西	Shaanxi	2363	363	547	2720	314	83
甘　肃	Gansu	732	40	167	381	49	2
青　海	Qinghai	244	10	73	320	49	1
宁　夏	Ningxia	214	7	35	121	7	3
新　疆	Xinjiang	931	37	229	438	68	14
新疆兵团	Xinjiang Corps	359	18	108	183	61	1

3-8 各地区国家级科技企业孵化器孵化场地情况

Space Statistics of State Level TBIs by Region

单位：平方米 (sq.m)

地 区	Region	总面积 Total Space Area	办公用房 Space for Office	企业用房 Space for Tenants	服务用房 Space for Service	其他 Others
合 计	**Total**	**41128234**	**1297486**	**31148782**	**5418574**	**3263392**
东部地区	Eastern Region	25286274	809575	19066978	3258224	2151497
中部地区	Middle Region	6433635	190063	4944795	835481	463296
西部地区	Western Region	7125508	218208	5403304	1034212	469783
东北地区	Northeast Region	2282817	79641	1733705	290656	178816
北 京	Beijing	1761142	36724	1310930	213407	200081
天 津	Tianjin	804996	26128	645179	103154	30535
河 北	Hebei	898480	40285	745310	70001	42884
山 西	Shanxi	526859	11868	405152	64324	45515
内蒙古	Inner Mongolia	656251	39938	533208	76285	6820
辽 宁	Liaoning	921547	25599	711421	125548	58979
吉 林	Jilin	856206	33988	687109	101337	33772
黑龙江	Heilongjiang	505065	20054	335176	63770	86065
上 海	Shanghai	1008287	43093	801079	108078	56038
江 苏	Jiangsu	8929614	353019	6691220	1080356	805019
浙 江	Zhejiang	2965882	74767	2369437	328094	193583
安 徽	Anhui	696440	18163	505314	82601	90362
福 建	Fujian	598973	9461	487482	71924	30105
江 西	Jiangxi	770427	32124	632932	88053	17318
山 东	Shandong	4217001	113709	3114899	616214	372179
河 南	Henan	1832926	50649	1518516	234393	29368
湖 北	Hubei	1409756	46557	1046582	213351	103266
湖 南	Hunan	1197227	30702	836299	152758	177467
广 东	Guangdong	4072900	112088	2876441	663297	421074
广 西	Guangxi	610259	16262	426389	92564	75044
海 南	Hainan	29000	300	25000	3700	
重 庆	Chongqing	329454	13932	249490	48346	17686
四 川	Sichuan	1430000	26661	1065671	191083	146585
贵 州	Guizhou	677236	5363	542357	112530	16987
云 南	Yunnan	398808	11701	322967	49397	14743
西 藏	Tibet	2395	200	1600	595	
陕 西	Shaanxi	1413529	29137	1105264	198129	80999
甘 肃	Gansu	365026	9390	225822	80686	49129
青 海	Qinghai	559826	18887	446822	70435	23681
宁 夏	Ningxia	188800	13983	150147	18340	6330
新 疆	Xinjiang	368775	29353	240440	82540	16442
新疆兵团	Xinjiang Corps	125148	3400	93126	13284	15338

3-9 各地区国家级科技企业孵化器当年在孵企业情况

General Statistics of Tenants of State Level TBIs by Region

地 区	Region	在孵企业从业人员数（人）Number of Employees of Incubatees (person)	在孵企业总收入（千元）Total Income of Incubatees (1000 yuan)	当年获得投融资企业数（个）Number of Incubateess Obtained Investment and Finance (unit)	当年获风险投资额（千元）Amount of Venture Capital for Incubatees (1000 yuan)	当年获得孵化基金在孵企业数（个）Number of Incubatees Received Incubator Fund (unit)
合 计	**Total**	**1346893**	**362933763**	**6395**	**34505415**	**5548**
东部地区	Eastern Region	808750	255844273	3930	28386809	2772
中部地区	Middle Region	259760	50720972	1371	2664688	1298
西部地区	Western Region	190413	39357152	794	2794611	1165
东北地区	Northeast Region	87970	17011365	300	659307	313
北 京	Beijing	105107	64371508	421	7218097	167
天 津	Tianjin	40761	4538124	154	255306	128
河 北	Hebei	35044	6853473	96	156060	96
山 西	Shanxi	14320	3635778	68	126130	31
内蒙古	Inner Mongolia	11657	4145645	20	17580	17
辽 宁	Liaoning	42845	7469368	138	341077	135
吉 林	Jilin	30232	6805976	148	160050	153
黑龙江	Heilongjiang	14893	2736021	14	158180	25
上 海	Shanghai	41766	12086339	360	5167131	126
江 苏	Jiangsu	242383	69998247	1001	6010015	707
浙 江	Zhejiang	83354	17135597	611	2681402	637
安 徽	Anhui	29183	4618338	210	387995	171
福 建	Fujian	21063	4721353	178	1041283	55
江 西	Jiangxi	31370	8558194	159	163061	208
山 东	Shandong	106049	22984239	465	1102157	568
河 南	Henan	87274	15166921	459	604212	529
湖 北	Hubei	55409	11252169	263	914431	203
湖 南	Hunan	42204	7489573	212	468860	156
广 东	Guangdong	130322	52727173	642	4743359	287
广 西	Guangxi	13419	2912037	34	162459	41
海 南	Hainan	2901	428221	2	12000	1
重 庆	Chongqing	14650	2353692	57	72370	76
四 川	Sichuan	41660	6310726	239	889215	503
贵 州	Guizhou	10904	2272703	41	62109	59
云 南	Yunnan	12587	3000990	21	18031	73
西 藏	Tibet	280	61740			9
陕 西	Shaanxi	56635	12104697	307	1417448	269
甘 肃	Gansu	9193	1443030	41	128028	78
青 海	Qinghai	4488	1505476	2	3000	9
宁 夏	Ningxia	2555	634806	3	900	4
新 疆	Xinjiang	9070	1628559	14	13810	24
新疆兵团	Xinjiang Corps	3315	983051	15	9660	3

3-10 计划单列市科技企业孵化器基本情况

General Statistics of TBIs of the Cities Listed Independently in the State Plan

地　区	Region	统计孵化器数　量（个）Number of TBIs with Data (unit)	孵化器总收入（千元）Total Income of TBIs (1000 yuan)	管理机构从业人员数（人）Number of Management Personnel (person)	孵化基金总　额（千元）Total Incubator Fund (1000 yuan)	创业导师人　数（人）Number of Innovation Mentors (person)	对公共技术服务平台投资额（千元）Investment into the Public Service Platform (1000 yuan)
合　计	**Total**	**313**	**5024600**	**5696**	**5878810**	**4004**	**385170**
大　连	Dalian	38	218815	499	185700	427	22917
宁　波	Ningbo	22	171320	302	628260	489	15039
厦　门	Xiamen	28	387522	460	1024755	485	29369
青　岛	Qingdao	32	289211	490	815594	808	73826
深　圳	Shenzhen	193	3957732	3945	3224501	1795	244019

3-11 计划单列市科技企业孵化器孵化企业情况

Tenants Statistics of TBIs of the Cities Listed Independently in the State Plan

单位：个　　(unit)

地　区	Region	在孵企业数 Number of Tenants	高新技术企　业 Hi-tech Enterprises	当年新增在孵企业 New Incubatees	累计毕业企　业 Accumulated Number of Graduated Tenants	当年毕业企　业 Number of Graduated Tenants of the Year	收入达5千万元企业数 Number of Tenants with Income More than 50 million yuan
合　计	**Total**	**13687**	**1440**	**4451**	**13549**	**1953**	**307**
大　连	Dalian	1738	124	483	1740	184	13
宁　波	Ningbo	1790	45	493	1681	174	42
厦　门	Xiamen	1407	180	472	1524	188	104
青　岛	Qingdao	2226	141	381	1668	282	42
深　圳	Shenzhen	6526	950	2622	6936	1125	106

3-12 计划单列市科技企业孵化器孵化场地情况
Space Statistics of TBIs of the Cities Listed Independently in the State Plan

单位：平方米 (sq.m)

地 区	Region	总面积 Total Space Area	办公用房 Space for Office	企业用房 Space for Tenants	服务用房 Space for Service	其他 Others
合 计	**Total**	**8220765**	**766878**	**5519239**	**996910**	**937738**
大 连	Dalian	863348	22474	631245	110907	98722
宁 波	Ningbo	789733	73390	560758	112614	42970
厦 门	Xiamen	823628	72074	577146	99686	74721
青 岛	Qingdao	904173	32560	673558	102852	95202
深 圳	Shenzhen	4839884	566381	3076531	570850	626122

3-13 计划单列市科技企业孵化器当年在孵企业情况
Annual Statistics of Incubatees of TBIs of the Cities Listed Independently in the State Plan

地 区	Region	在孵企业从业人员数（人） Number of Employees of Incubatees (person)	在孵企业总收入（千元） Total Income of Incubatees (1000 yuan)	当年获得投融资企业数（个） Number of Incubateess Obtained Investment and Finance (unit)	当年获风险投资额（千元） Amount of Venture Capital for Incubatees (1000 yuan)	当年获得孵化基金在孵企业数（个） Number of Incubatees Received Incubator Fund (unit)
合 计	**Total**	**208413**	**61528651**	**1004**	**8020427**	**568**
大 连	Dalian	23085	3714998	97	246055	78
宁 波	Ningbo	20238	4915820	136	493984	110
厦 门	Xiamen	21190	5797387	179	986347	74
青 岛	Qingdao	26760	5326462	130	163645	92
深 圳	Shenzhen	117140	41773985	462	6130397	214

3-14 计划单列市国家级科技企业孵化器基本情况
General Statistics of State Level TBIs of the Cities Listed Independently in the State Plan

地 区	Region	统计孵化器数量(个) Number of TBIs with Data (unit)	孵化器总收入(千元) Total Income of TBIs (1000 yuan)	管理机构从业人员数(人) Number of Management Personnel (person)	孵化基金总额(千元) Total Incubator Fund (1000 yuan)	创业导师人数(人) Number of Innovation Mentors (person)	对公共技术服务平台投资额(千元) Investment into the Public Service Platform (1000 yuan)
合 计	**Total**	**66**	**1294522**	**1394**	**1850466**	**1472**	**159969**
大 连	Dalian	11	129705	211	128600	141	13200
宁 波	Ningbo	10	117282	185	347250	293	10874
厦 门	Xiamen	5	297774	168	458755	65	12249
青 岛	Qingdao	18	254362	314	613594	597	56021
深 圳	Shenzhen	22	495398	516	302267	376	67625

3-15 计划单列市国家级科技企业孵化器孵化企业情况
Tenants Statistics of State Level TBIs of the Cities Listed Independently in the State Plan

单位：个 (unit)

地 区	Region	在孵企业数 Number of Tenants	高新技术企业 Hi-tech Enterprises	当年新增在孵企业 New Incubatees	累计毕业企业 Accumulated Number of Graduated Tenants	当年毕业企业 Number of Graduated Tenants of the Year	收入达5千万元企业数 Number of Tenants with Income More than 50 million yuan
合 计	**Total**	**5837**	**597**	**1466**	**8250**	**943**	**213**
大 连	Dalian	812	99	186	1301	92	11
宁 波	Ningbo	1186	26	323	1420	135	37
厦 门	Xiamen	726	130	216	1147	104	101
青 岛	Qingdao	1505	120	275	1476	219	40
深 圳	Shenzhen	1608	222	466	2906	393	24

3-16 计划单列市国家级科技企业孵化器孵化场地情况
Space Statistics of State Level TBIs of the Cities Listed Independently in the State Plan

单位：平方米 (sq.m)

地区	Region	总面积 Total Space Area	办公用房 Space for Office	企业用房 Space for Tenants	服务用房 Space for Service	其他 Others
合计	**Total**	**2765894**	**85110**	**2155998**	**337637**	**187150**
大连	Dalian	328239	6903	231126	49183	41027
宁波	Ningbo	509656	21981	392701	72914	22060
厦门	Xiamen	413552	5682	335987	46135	25748
青岛	Qingdao	702844	15233	536260	75747	75603
深圳	Shenzhen	811603	35311	659924	93658	22711

3-17 计划单列市国家级科技企业孵化器当年在孵企业情况
General Statistics of Tenants of State Level TBIs of the Cities Listed Independently in the State Plan

地区	Region	在孵企业从业人员数（人）Number of Employees of Incubatees (person)	在孵企业总收入（千元）Total Income of Incubatees (1000 yuan)	当年获得投融资企业数（个）Number of Incubateess Obtained Investment and Finance (unit)	当年获风险投资额（千元）Amount of Venture Capital for Incubatees (1000 yuan)	当年获得孵化基金在孵企业数（个）Number of Incubatees Received Incubator Fund (unit)
合计	**Total**	**86979**	**21284650**	**622**	**2854374**	**314**
大连	Dalian	11098	2308250	75	236515	43
宁波	Ningbo	15607	4202471	124	384934	101
厦门	Xiamen	13699	2490596	150	830203	50
青岛	Qingdao	21003	4463829	98	135035	65
深圳	Shenzhen	25572	7819504	175	1267688	55

第四部分

众创空间

The Fourth Part

Mass Maker Spaces

4-1 各地区众创空间基本运营情况
General Statistics of Mass Maker Spaces by Region

地区	Region	统计众创空间数量（个）Number of Mass Maker Spaces with Data (unit)	众创空间总收入（千元）Total Income of Mass Maker Spaces (1000 yuan)	提供工位数（个）Number of Cubicles Offered (unit)	众创空间服务人员数量（人）Number of Service Personnel (person)	创业导师人数（人）Number of Innovation Mentors (person)	享受财政资金支持额（千元）Received Fiscial Fund Support (1000 yuan)
合　计	**Total**	**6959**	**18291937**	**1294674**	**145412**	**147687**	**3359240**
东部地区	Eastern Region	3867	10451074	742096	61220	76754	1945237
中部地区	Middle Region	1249	4361627	246518	39266	26960	598163
西部地区	Western Region	1511	2930916	243944	40049	35801	706972
东北地区	Northeast Region	332	548320	62116	4877	8172	108867
北　京	Beijing	147	2590078	143450	4426	7035	155595
天　津	Tianjin	151	203650	25055	2039	6253	50100
河　北	Hebei	493	384111	58675	6083	8587	82192
山　西	Shanxi	217	348152	35326	9327	3935	78675
内蒙古	Inner Mongolia	182	287680	27204	4973	3584	80937
辽　宁	Liaoning	180	270360	36699	2787	5302	74364
吉　林	Jilin	124	235632	21158	1717	2213	26767
黑龙江	Heilongjiang	28	42328	4259	373	657	7736
上　海	Shanghai	152	736808	51057	1702	3462	227338
江　苏	Jiangsu	699	1845001	101203	8153	11016	471841
浙　江	Zhejiang	622	1644101	109526	9897	13010	383708
安　徽	Anhui	265	1158254	34528	3185	3768	93316
福　建	Fujian	281	605350	45453	4175	5981	58003
江　西	Jiangxi	112	476321	50944	10979	3670	53531
山　东	Shandong	580	1081711	101034	8170	10564	190760
河　南	Henan	203	452955	46806	3457	5051	128334
湖　北	Hubei	275	1536174	47154	5159	6375	120991
湖　南	Hunan	177	389772	31760	7159	4161	123316
广　东	Guangdong	716	1315806	102103	16121	10267	303892
广　西	Guangxi	121	88221	12205	1865	2191	10544
海　南	Hainan	26	44459	4540	454	579	21807
重　庆	Chongqing	215	436923	45640	9880	5974	127846
四　川	Sichuan	156	392590	35966	1909	4751	85447
贵　州	Guizhou	78	185897	9688	2127	1245	19317
云　南	Yunnan	132	265444	20110	7417	3767	39866
西　藏	Tibet	20	30711	1815	372	630	34045
陕　西	Shaanxi	224	543055	53687	2848	7086	147779
甘　肃	Gansu	215	391006	19354	4938	3453	33374
青　海	Qinghai	36	54476	2478	973	1154	94205
宁　夏	Ningxia	32	57011	3723	939	526	10502
新　疆	Xinjiang	49	62755	4606	1202	1007	18219
新疆兵团	Xinjiang Corps	51	135146	7468	606	433	4890

4-2 各地区众创空间服务情况

Service Statistics of Mass Maker Spaces by Region

地区	Region	当年服务的创业团队数量（个）Number of Serviced Entrepreneurial Groups (unit)	当年服务的初创企业的数量（个）Number of Serviced Startup Companies (unit)	举办创新创业活动（场次）Number of Activities for Business Creation and Innovation (item)	开展创业教育培训（场次）Number of Training Programs on Entrepreneurship (item)	当年获得技术支撑服务的团队和企业数量（个）Number of Groups and Startups Received Technical Support (unit)
合　计	**Total**	**238969**	**169541**	**129681**	**98528**	**89041**
东部地区	Eastern Region	121895	92329	66429	48440	47008
中部地区	Middle Region	51980	35767	29209	22183	18275
西部地区	Western Region	50834	32025	27485	22883	18878
东北地区	Northeast Region	14260	9420	6558	5022	4880
北　京	Beijing	23134	16823	6029	2943	5117
天　津	Tianjin	6070	4038	3756	2816	2204
河　北	Hebei	11306	6367	7118	7580	3981
山　西	Shanxi	8341	4938	5204	4279	2352
内蒙古	Inner Mongolia	7515	3236	3034	2522	2727
辽　宁	Liaoning	9571	7016	4167	2907	3370
吉　林	Jilin	3691	1453	1744	1521	1201
黑龙江	Heilongjiang	998	951	647	594	309
上　海	Shanghai	5558	5798	5154	2097	2674
江　苏	Jiangsu	15661	12862	10130	7246	6617
浙　江	Zhejiang	15712	14103	10432	7390	7341
安　徽	Anhui	5892	4732	4658	3247	2798
福　建	Fujian	6987	4641	4311	3156	2163
江　西	Jiangxi	7356	5087	3972	3552	2301
山　东	Shandong	18401	12560	9730	8227	7201
河　南	Henan	10838	5747	4208	3878	4687
湖　北	Hubei	12851	10058	7121	4269	3747
湖　南	Hunan	6702	5205	4046	2958	2390
广　东	Guangdong	18286	14229	9061	6532	9130
广　西	Guangxi	2604	1851	1326	1145	1094
海　南	Hainan	780	908	708	453	580
重　庆	Chongqing	6628	4751	3639	2981	2653
四　川	Sichuan	5783	3514	5252	3849	1847
贵　州	Guizhou	2704	1525	1179	1239	703
云　南	Yunnan	7379	2562	2167	1958	1930
西　藏	Tibet	888	329	240	233	128
陕　西	Shaanxi	5673	6506	5359	3811	3540
甘　肃	Gansu	5093	3611	2924	2750	2465
青　海	Qinghai	1333	886	459	632	278
宁　夏	Ningxia	1449	743	530	354	353
新　疆	Xinjiang	1855	1936	935	615	545
新疆兵团	Xinjiang Corps	1930	575	441	794	615

4-2 续表 continued

地　区	Region	当年获得投融资的创业团队数量（个） Number of Entrepreneurial Groups that Received Investment (unit)	当年获得投融资的初创企业数量（个） Number of Startup Companies that Received Investment (unit)	创业团队当年获得投融资总额（千元） Amount of Investment Received by Entrepreneurial Groups (1000 yuan)	初创企业当年获得投融资总额（千元） Amount of Investment Received by Startup Companies (1000 yuan)
合　计	**Total**	**9849**	**9196**	**33395049**	**45581976**
东部地区	Eastern Region	5114	5531	27304616	36218622
中部地区	Middle Region	2384	1733	3374162	4380238
西部地区	Western Region	2019	1677	2369129	4394314
东北地区	Northeast Region	332	255	347142	588801
北　京	Beijing	495	686	14296162	20613913
天　津	Tianjin	131	148	103740	280603
河　北	Hebei	417	313	228680	303172
山　西	Shanxi	193	177	108436	64124
内蒙古	Inner Mongolia	155	89	411115	48776
辽　宁	Liaoning	211	162	167100	351146
吉　林	Jilin	98	71	160830	119350
黑龙江	Heilongjiang	23	22	19213	118305
上　海	Shanghai	250	445	2664573	5860171
江　苏	Jiangsu	752	826	1033610	2187799
浙　江	Zhejiang	1057	1368	1543299	2970988
安　徽	Anhui	373	330	171268	287611
福　建	Fujian	359	309	434984	784842
江　西	Jiangxi	235	179	289411	217359
山　东	Shandong	641	484	586192	507061
河　南	Henan	693	351	343949	750724
湖　北	Hubei	485	381	1317997	2175295
湖　南	Hunan	405	315	1143103	885126
广　东	Guangdong	993	912	6397847	2688795
广　西	Guangxi	68	50	25742	27975
海　南	Hainan	19	40	15530	21278
重　庆	Chongqing	539	433	875682	474125
四　川	Sichuan	174	140	266274	631677
贵　州	Guizhou	80	71	67489	61779
云　南	Yunnan	144	102	147306	77799
西　藏	Tibet	28	16	19747	13348
陕　西	Shaanxi	274	408	258427	2520178
甘　肃	Gansu	375	172	103791	366839
青　海	Qinghai	61	56	60578	46932
宁　夏	Ningxia	41	67	74210	68642
新　疆	Xinjiang	35	39	8862	14362
新疆兵团	Xinjiang Corps	45	34	49905	41883

4-3 各地区众创空间创业团队和企业情况
Statistics of Groups and Startups of Mass Maker Spaces by Region

地 区	Region	创业团队人员数量 (人) Number of Employment by Entrepreneurial Groups (person)	应届大学毕业生 (人) Number of Recruited College Graduates (person)	常驻创业团队拥有有效知识产权数量 (个) Valid IPRs Held by Tenants (piece)	发明专利数量 (个) Invention Patents (piece)	新注册企业数量 (家) Newly Registered Companies (unit)
合 计	**Total**	**839896**	**150158**	**111274**	**20057**	**87930**
东部地区	Eastern Region	425521	69495	70770	11356	47445
中部地区	Middle Region	197688	43865	21487	5354	17289
西部地区	Western Region	174456	29395	16653	2789	16485
东北地区	Northeast Region	42231	7403	2364	558	6711
北 京	Beijing	84019	8323	25806	2630	7724
天 津	Tianjin	18886	3467	1561	301	1994
河 北	Hebei	33187	5491	2673	580	3753
山 西	Shanxi	31981	5552	2071	415	2805
内蒙古	Inner Mongolia	31723	4091	2109	368	1414
辽 宁	Liaoning	27149	4653	906	301	5460
吉 林	Jilin	12389	2099	1396	231	836
黑龙江	Heilongjiang	2693	651	62	26	415
上 海	Shanghai	23322	2506	2411	376	2271
江 苏	Jiangsu	50595	8832	7942	1972	7132
浙 江	Zhejiang	60541	11260	13548	1860	7769
安 徽	Anhui	24624	4774	2908	607	2343
福 建	Fujian	23999	4313	2889	446	2413
江 西	Jiangxi	29233	9457	2022	369	1935
山 东	Shandong	64164	11089	4572	1169	6734
河 南	Henan	35816	8407	4588	1199	2796
湖 北	Hubei	41424	7363	6739	1782	5033
湖 南	Hunan	34610	8312	3159	982	2377
广 东	Guangdong	64335	13722	9086	1956	7106
广 西	Guangxi	6248	1213	471	199	579
海 南	Hainan	2473	492	282	66	549
重 庆	Chongqing	29184	5608	2873	513	2193
四 川	Sichuan	23237	3951	1607	488	2536
贵 州	Guizhou	9074	1156	561	84	1208
云 南	Yunnan	17802	3537	2104	219	1229
西 藏	Tibet	3030	472	167	22	113
陕 西	Shaanxi	21176	4326	3318	312	3407
甘 肃	Gansu	15898	3207	2477	382	1520
青 海	Qinghai	7639	554	218	77	270
宁 夏	Ningxia	3106	448	334	57	338
新 疆	Xinjiang	4765	543	278	42	1156
新疆兵团	Xinjiang Corps	1574	289	136	26	522

4-3 续表 continued

地 区	Region	初创企业吸纳就业人数（人）Number of Employment by Startups (person)	应届大学毕业生（人）Number of Recruited College Graduates (person)	常驻初创企业拥有有效知识产权数量（个）Valid IPRs Held by Startups (piece)	发明专利数量（个）Invention Patents (piece)
合 计	**Total**	**761653**	**137469**	**116525**	**21741**
东部地区	Eastern Region	411477	70245	75101	12921
中部地区	Middle Region	163027	34214	21244	4129
西部地区	Western Region	150507	25886	17198	4119
东北地区	Northeast Region	36642	7124	2982	572
北 京	Beijing	93475	14620	21477	3250
天 津	Tianjin	16607	2643	2721	568
河 北	Hebei	24018	3655	1963	334
山 西	Shanxi	19827	3884	1615	236
内 蒙 古	Inner Mongolia	13001	1695	1034	160
辽 宁	Liaoning	25072	4825	1242	279
吉 林	Jilin	5736	1242	481	84
黑 龙 江	Heilongjiang	5834	1057	1259	209
上 海	Shanghai	31479	4213	6043	930
江 苏	Jiangsu	55599	9838	11047	2818
浙 江	Zhejiang	63987	11795	13152	1513
安 徽	Anhui	23324	4305	4843	842
福 建	Fujian	18929	3595	3778	449
江 西	Jiangxi	18619	7080	1590	195
山 东	Shandong	48907	8688	4383	989
河 南	Henan	36432	6816	4159	670
湖 北	Hubei	39723	7717	5510	1098
湖 南	Hunan	25102	4412	3527	1088
广 东	Guangdong	53676	10462	9558	1984
广 西	Guangxi	5201	853	311	73
海 南	Hainan	4800	736	979	86
重 庆	Chongqing	22998	3322	3981	815
四 川	Sichuan	22752	3967	3837	1381
贵 州	Guizhou	7183	3302	384	41
云 南	Yunnan	12885	1994	1469	193
西 藏	Tibet	1141	367	49	17
陕 西	Shaanxi	35037	5792	4006	946
甘 肃	Gansu	14636	2593	1235	285
青 海	Qinghai	5381	393	199	70
宁 夏	Ningxia	1807	376	220	60
新 疆	Xinjiang	6969	967	330	46
新疆兵团	Xinjiang Corps	1516	265	143	32

4-4 各地区众创空间收入情况

Income Statistics of Mass Maker Space by Region

单位：千元 (1000 yuan)

地　区	Region	众创空间总收入 Total Income	服务收入 Service Income	房租及物业收入 Rent and Logistics Income	投资收入 Investment Income	财政补贴 Fiscal Subsidy
合　计	**Total**	**18291937**	**7067980**	**4442340**	**1262255**	**3750414**
东部地区	Eastern Region	10451074	3850222	3179522	744532	1651176
中部地区	Middle Region	4361627	2028315	613046	194679	1174151
西部地区	Western Region	2930916	1017525	541801	284894	744073
东北地区	Northeast Region	548320	171919	107972	38151	181014
北　京	Beijing	2590078	877653	1363564	78557	175668
天　津	Tianjin	203650	62907	48380	7575	67943
河　北	Hebei	384111	101759	60812	34419	130888
山　西	Shanxi	348152	79534	71907	28044	76768
内蒙古	Inner Mongolia	287680	91335	66261	21413	74147
辽　宁	Liaoning	270360	70285	62643	7817	109830
吉　林	Jilin	235632	85962	38181	29929	52378
黑龙江	Heilongjiang	42328	15671	7148	405	18806
上　海	Shanghai	736808	233092	347263	11275	101707
江　苏	Jiangsu	1845001	858625	331546	134161	366303
浙　江	Zhejiang	1644101	486328	365258	277873	261513
安　徽	Anhui	1158254	949263	64556	49037	74543
福　建	Fujian	605350	263014	104099	44908	140337
江　西	Jiangxi	476321	223532	87730	40503	45972
山　东	Shandong	1081711	436533	197766	120741	213714
河　南	Henan	452955	90249	95901	23603	173165
湖　北	Hubei	1536174	582639	221671	26422	669854
湖　南	Hunan	389772	103099	71280	27070	133849
广　东	Guangdong	1315806	510582	356603	34402	176639
广　西	Guangxi	88221	23479	11082	17290	23188
海　南	Hainan	44459	19730	4231	620	16464
重　庆	Chongqing	436923	193924	77053	26386	101478
四　川	Sichuan	392590	167035	73214	13182	92552
贵　州	Guizhou	185897	47600	64259	31150	28026
云　南	Yunnan	265444	70456	42477	11527	122572
西　藏	Tibet	30711	8616	410	5700	12860
陕　西	Shaanxi	543055	168576	122475	45691	149391
甘　肃	Gansu	391006	106052	59931	69759	88220
青　海	Qinghai	54476	10110	1768	13799	17158
宁　夏	Ningxia	57011	25205	4502	5786	11952
新　疆	Xinjiang	62755	20105	10185	4906	16500
新疆兵团	Xinjiang Corps	135146	85031	8184	18306	6030

4-5 各地区国家备案众创空间基本运营情况

General Statistics of National Mass Maker Spaces by Region

地 区	Region	统计众创空间数量* (个) Number of Mass Maker Spaces with Data (unit)	众创空间总收入 (千元) Total Income of Mass Maker Spaces (1000 yuan)	提供工位数 (个) Number of Cubicles Offered (unit)	众创空间服务人员数量 (人) Number of Service Personnel (person)	创业导师人数 (人) Number of Innovation Mentors (person)	享受财政资金支持额 (千元) Received Fiscial Fund Support (1000 yuan)
合 计	**Total**	**1889**	**7369567**	**516265**	**37689**	**63207**	**1564798**
东部地区	Eastern Region	1132	5362482	334350	24821	35450	1033624
中部地区	Middle Region	262	831464	74463	4935	10527	187264
西部地区	Western Region	383	945622	82445	5888	13598	303795
东北地区	Northeast Region	112	229999	25007	2045	3632	40115
北 京	Beijing	143	2552663	142515	4373	6990	142755
天 津	Tianjin	76	88193	13018	1071	3490	27831
河 北	Hebei	80	105729	13024	884	1898	32916
山 西	Shanxi	34	58457	6786	517	1103	14389
内 蒙 古	Inner Mongolia	43	42270	8771	545	1463	46949
辽 宁	Liaoning	66	116801	17153	1276	2363	27459
吉 林	Jilin	18	70870	3595	396	612	4920
黑 龙 江	Heilongjiang	28	42328	4259	373	657	7736
上 海	Shanghai	69	386839	23769	835	2347	195236
江 苏	Jiangsu	168	480369	31016	1939	3830	129121
浙 江	Zhejiang	119	516923	25828	1384	5568	163528
安 徽	Anhui	41	113771	8417	575	1059	28765
福 建	Fujian	52	109026	11151	456	1591	18523
江 西	Jiangxi	42	208556	26685	1654	1508	33354
山 东	Shandong	191	255404	31484	2184	4414	64268
河 南	Henan	38	103339	12164	626	1737	25874
湖 北	Hubei	61	220320	10866	790	3078	40687
湖 南	Hunan	46	127021	9545	773	2042	44194
广 东	Guangdong	228	851029	41082	11608	5104	240956
广 西	Guangxi	20	18694	3036	219	770	5333
海 南	Hainan	6	16306	1463	87	218	18492
重 庆	Chongqing	42	199658	15000	753	1047	19285
四 川	Sichuan	63	192639	16692	925	2884	54573
贵 州	Guizhou	25	48445	3060	368	511	7590
云 南	Yunnan	35	50577	5823	937	1274	16213
西 藏	Tibet	2	2470	114	28	26	1189
陕 西	Shaanxi	71	252382	22729	1028	3451	91618
甘 肃	Gansu	29	81830	2617	540	733	9358
青 海	Qinghai	11	14829	683	104	526	32120
宁 夏	Ningxia	7	8363	529	65	138	5372
新 疆	Xinjiang	23	26752	2482	249	679	11822
新疆兵团	Xinjiang Corps	12	6713	909	127	96	2373

注：截至2018年底，全国共有国家备案众创空间1952家，其中上报数据的国家备案众创空间1889家，有63家未上报数据。表中有关数据均为1889家上报数据的国家备案众创空间汇总数据。

4-6 各地区国家备案众创空间服务情况

Service Statistics of National Mass Maker Spaces by Region

地 区	Region	当年服务的创业团队数量（个）Number of Serviced Entrepreneurial Groups (unit)	当年服务的初创企业的数量（个）Number of Serviced Startup Companies (unit)	举办创新创业活动（场次）Number of Activities for Business Creation and Innovation (item)	开展创业教育培训（场次）Number of Training Programs on Entrepreneurship (item)	当年获得技术支撑服务的团队和企业数量（个）Number of Groups and Startups Received Technical Support (unit)
合 计	**Total**	**104351**	**78822**	**53139**	**36813**	**36544**
东部地区	Eastern Region	59134	46169	30443	19485	21484
中部地区	Middle Region	17785	15133	8471	6501	5681
西部地区	Western Region	19521	12922	10628	8437	7071
东北地区	Northeast Region	7911	4598	3597	2390	2308
北 京	Beijing	23083	16706	5983	2890	5005
天 津	Tianjin	3305	2439	1947	1187	1346
河 北	Hebei	2842	1849	1638	3302	868
山 西	Shanxi	1520	1459	1094	930	298
内蒙古	Inner Mongolia	2921	1476	963	755	1156
辽 宁	Liaoning	5906	3323	2349	1485	1773
吉 林	Jilin	1007	324	601	311	226
黑龙江	Heilongjiang	998	951	647	594	309
上 海	Shanghai	3569	3309	3368	1336	1915
江 苏	Jiangsu	5213	4697	3140	1971	2109
浙 江	Zhejiang	4614	4244	3914	2411	2468
安 徽	Anhui	1903	1769	1122	661	1195
福 建	Fujian	1782	1532	1552	736	611
江 西	Jiangxi	2880	3408	1972	1580	647
山 东	Shandong	6019	4330	4017	2822	2668
河 南	Henan	2932	1732	965	1137	1467
湖 北	Hubei	5687	4880	2045	1166	1138
湖 南	Hunan	2863	1885	1273	1027	936
广 东	Guangdong	8390	6828	4656	2685	4312
广 西	Guangxi	934	833	305	234	259
海 南	Hainan	317	235	228	145	182
重 庆	Chongqing	1605	2123	1145	1174	802
四 川	Sichuan	3405	1731	3134	2554	1111
贵 州	Guizhou	1319	653	553	284	248
云 南	Yunnan	3579	825	632	621	563
西 藏	Tibet	179	20	14	8	8
陕 西	Shaanxi	2366	2427	2285	1782	1584
甘 肃	Gansu	1255	887	656	449	671
青 海	Qinghai	420	413	186	116	140
宁 夏	Ningxia	286	168	200	91	82
新 疆	Xinjiang	910	1188	479	264	290
新疆兵团	Xinjiang Corps	342	178	76	105	157

4-6 续表 continued

地 区	Region	当年获得投融资的创业团队数量（个） Number of Entrepreneurial Groups that Received Investment (unit)	当年获得投融资的初创企业数量（个） Number of Startup Companies that Received Investment (unit)	创业团队当年获得投融资总额（千元） Amount of Investment Received by Entrepreneurial Groups (1000 yuan)	初创企业当年获得投融资总额（千元） Amount of Investment Received by Startup Companies (1000 yuan)
合 计	**Total**	**3312**	**3763**	**23012984**	**31327764**
东部地区	Eastern Region	2150	2606	21470332	27458351
中部地区	Middle Region	464	491	700943	823821
西部地区	Western Region	592	567	617473	2643047
东北地区	Northeast Region	106	99	224237	402545
北 京	Beijing	493	679	14276162	20502713
天 津	Tianjin	72	76	39740	112873
河 北	Hebei	201	106	89193	66145
山 西	Shanxi	31	31	9888	12633
内 蒙 古	Inner Mongolia	37	22	21645	11896
辽 宁	Liaoning	53	64	90524	238430
吉 林	Jilin	30	13	114500	45810
黑 龙 江	Heilongjiang	23	22	19213	118305
上 海	Shanghai	127	244	966198	2359138
江 苏	Jiangsu	228	273	384851	1011101
浙 江	Zhejiang	408	636	536246	1163464
安 徽	Anhui	30	84	42285	79344
福 建	Fujian	71	74	111136	176819
江 西	Jiangxi	98	98	135685	138403
山 东	Shandong	157	141	97744	127626
河 南	Henan	75	87	66873	53649
湖 北	Hubei	118	70	264376	351263
湖 南	Hunan	112	121	181836	188530
广 东	Guangdong	390	362	4968562	1933504
广 西	Guangxi	11	16	5080	2823
海 南	Hainan	3	15	500	4968
重 庆	Chongqing	150	111	164983	322553
四 川	Sichuan	88	75	164348	405807
贵 州	Guizhou	23	16	14084	12284
云 南	Yunnan	54	32	63354	33904
西 藏	Tibet	11		2989	
陕 西	Shaanxi	146	182	108902	1737350
甘 肃	Gansu	27	36	31425	44518
青 海	Qinghai	7	38	25650	44660
宁 夏	Ningxia	11	12	6810	15980
新 疆	Xinjiang	21	21	7682	10802
新疆兵团	Xinjiang Corps	6	6	520	470

4-7 各地区国家备案众创空间创业团队和企业情况

Statistics of Groups and Startups of National Mass Maker Spaces by Region

地　区	Region	创业团队人员数量（人） Number of Employment by Entrepreneurial Groups (person)	应届大学毕业生（人） Number of Recruited College Graduates (person)	常驻创业团队拥有有效知识产权数量（个） Valid IPRs Held by Tenants (piece)	发明专利数量（个） Invention Patents (piece)	新注册企业数量（家） Newly Registered Companies (unit)
合　计	**Total**	**353985**	**63874**	**53732**	**8596**	**38306**
东部地区	Eastern Region	210418	33256	40236	5844	21783
中部地区	Middle Region	56222	14781	7723	1661	6038
西部地区	Western Region	67592	12360	4882	842	6375
东北地区	Northeast Region	19753	3477	891	249	4110
北　京	Beijing	83913	8309	25800	2630	7704
天　津	Tianjin	10769	2479	1079	184	1102
河　北	Hebei	8102	1488	983	204	916
山　西	Shanxi	5962	1323	500	38	820
内蒙古	Inner Mongolia	13193	1773	1266	107	513
辽　宁	Liaoning	13419	1886	409	123	3573
吉　林	Jilin	3641	940	420	100	122
黑龙江	Heilongjiang	2693	651	62	26	415
上　海	Shanghai	13945	1404	1197	155	1521
江　苏	Jiangsu	16943	3333	2605	701	2198
浙　江	Zhejiang	22155	4459	1726	486	2431
安　徽	Anhui	6174	1091	1456	191	935
福　建	Fujian	6713	1043	799	96	772
江　西	Jiangxi	10544	5107	825	196	696
山　东	Shandong	19168	3982	1807	475	2271
河　南	Henan	8539	2564	1184	349	685
湖　北	Hubei	14515	2410	2729	640	2063
湖　南	Hunan	10488	2286	1029	247	839
广　东	Guangdong	27987	6623	4233	913	2645
广　西	Guangxi	1950	293	191	83	195
海　南	Hainan	723	136	7		223
重　庆	Chongqing	8484	2969	982	121	764
四　川	Sichuan	14858	2496	850	229	1323
贵　州	Guizhou	4724	409	202	35	365
云　南	Yunnan	4439	953	291	62	355
西　藏	Tibet	468	32	35	7	36
陕　西	Shaanxi	8617	1920	468	88	1260
甘　肃	Gansu	4202	880	192	70	351
青　海	Qinghai	2325	132	26	3	112
宁　夏	Ningxia	622	144	130	6	112
新　疆	Xinjiang	3058	239	222	25	792
新疆兵团	Xinjiang Corps	652	120	27	6	197

4-7 续表 continued

地 区	Region	初创企业吸纳就业人数（人）Number of Employment by Startups (person)	应届大学毕业生（人）Number of Recruited College Graduates (person)	常驻初创企业拥有有效知识产权数量（个）Valid IPRs Held by Startups (piece)	发明专利数量（个）Invention Patents (piece)
合 计	**Total**	**367438**	**63148**	**62571**	**11621**
东部地区	Eastern Region	221718	37328	43330	7797
中部地区	Middle Region	63428	12598	8101	1243
西部地区	Western Region	63024	9875	8902	2177
东北地区	Northeast Region	19268	3347	2238	404
北 京	Beijing	92825	14615	21427	3210
天 津	Tianjin	11043	1746	1960	337
河 北	Hebei	7543	1242	1014	123
山 西	Shanxi	6890	1306	674	60
内 蒙 古	Inner Mongolia	6865	876	787	63
辽 宁	Liaoning	12173	1899	812	178
吉 林	Jilin	1261	391	167	17
黑 龙 江	Heilongjiang	5834	1057	1259	209
上 海	Shanghai	16697	2420	3130	495
江 苏	Jiangsu	21035	4255	4851	1094
浙 江	Zhejiang	21207	4046	2330	470
安 徽	Anhui	7502	1300	2421	290
福 建	Fujian	4699	742	984	169
江 西	Jiangxi	9321	4023	825	93
山 东	Shandong	16463	2694	2010	479
河 南	Henan	16035	2155	1193	127
湖 北	Hubei	15070	2239	2051	460
湖 南	Hunan	8610	1575	937	213
广 东	Guangdong	28891	5391	5400	1388
广 西	Guangxi	2087	289	51	26
海 南	Hainan	1315	177	224	32
重 庆	Chongqing	11238	1494	1929	393
四 川	Sichuan	10527	2119	2750	1094
贵 州	Guizhou	2315	263	207	23
云 南	Yunnan	4491	720	584	112
西 藏	Tibet	51	2		
陕 西	Shaanxi	13050	2339	1829	342
甘 肃	Gansu	3651	666	225	49
青 海	Qinghai	1981	162	68	11
宁 夏	Ningxia	682	80	129	6
新 疆	Xinjiang	5655	756	219	28
新疆兵团	Xinjiang Corps	431	109	124	30

4-8 各地区国家备案众创空间收入情况
Income Statistics of National Mass Maker Space by Region

单位：千元 (1000 yuan)

地　区	Region	众创空间总收入 Total Income	服务收入 Service Income	房租及物业收入 Rent and Logistics Income	投资收入 Investment Income	财政补贴 Fiscal Subsidy
合　计	**Total**	**7369567**	**2369968**	**2488733**	**463085**	**1382210**
东部地区	Eastern Region	5362482	1708905	2071368	362939	742734
中部地区	Middle Region	831464	293554	159594	58185	248777
西部地区	Western Region	945622	305943	227411	33473	287129
东北地区	Northeast Region	229999	61567	30360	8489	103569
北　京	Beijing	2552663	865597	1341526	78557	172649
天　津	Tianjin	88193	23381	28606	1146	25050
河　北	Hebei	105729	12442	13773	6596	52685
山　西	Shanxi	58457	18157	12392	246	27297
内蒙古	Inner Mongolia	42270	7376	5654	930	27999
辽　宁	Liaoning	116801	25438	17493	1042	60980
吉　林	Jilin	70870	20458	5719	7042	23784
黑龙江	Heilongjiang	42328	15671	7148	405	18806
上　海	Shanghai	386839	110159	179384	6775	63923
江　苏	Jiangsu	480369	178455	127178	40592	98765
浙　江	Zhejiang	516923	57937	100346	205142	81337
安　徽	Anhui	113771	36964	19020	34147	20054
福　建	Fujian	109026	30017	23331	6130	48498
江　西	Jiangxi	208556	102173	43769	15312	27405
山　东	Shandong	255404	95010	45658	5105	84353
河　南	Henan	103339	23126	11612	764	57749
湖　北	Hubei	220320	82259	41707	5174	78547
湖　南	Hunan	127021	30873	31094	2542	37725
广　东	Guangdong	851029	328203	209141	12895	109833
广　西	Guangxi	18694	2764	3874	1770	9223
海　南	Hainan	16306	7703	2426		5641
重　庆	Chongqing	199658	96214	52485	3445	35295
四　川	Sichuan	192639	77384	44169	4753	39663
贵　州	Guizhou	48445	8351	18809	2519	10662
云　南	Yunnan	50577	11488	13686	2170	12570
西　藏	Tibet	2470				2470
陕　西	Shaanxi	252382	69206	50975	11755	105862
甘　肃	Gansu	81830	17081	28938	4400	18361
青　海	Qinghai	14829	2006	1174	260	7739
宁　夏	Ningxia	8363	1684	616	1021	4440
新　疆	Xinjiang	26752	9463	6257	150	10553
新疆兵团	Xinjiang Corps	6713	2926	775	300	2292

4-9 计划单列市众创空间基本运营情况
General Statistics of Mass Maker Spaces of the Cities Listed Independently in the State Plan

地 区	Region	统计众创空间数量（个）Number of Mass Maker Spaces with Data (unit)	众创空间总收入（千元）Total Income of Mass Maker Spaces (1000 yuan)	提供工位数（个）Number of Cubicles Offered (unit)	众创空间服务人员数量（人）Number of Service Personnel (person)	创业导师人数（人）Number of Innovation Mentors (person)	享受财政资金支持额（千元）Received Fiscial Fund Support (1000 yuan)
合 计	**Total**	**531**	**1802040**	**108099**	**17970**	**10929**	**246978**
大 连	Dalian	49	56082	6414	387	944	5483
宁 波	Ningbo	74	485700	21833	2943	1761	120091
厦 门	Xiamen	147	361852	28722	2611	2828	31200
青 岛	Qingdao	114	137943	19317	884	1705	29405
深 圳	Shenzhen	147	760463	31813	11145	3691	60799

4-10 计划单列市众创空间服务情况
Service Statistics of Mass Maker Spaces of the Cities Listed Independently in the State Plan

地 区	Region	当年服务的创业团队数量（个）Number of Serviced Entrepreneurial Groups (unit)	当年服务的初创企业的数量（个）Number of Serviced Startup Companies (unit)	举办创新创业活动（场次）Number of Activities for Business Creation and Innovation (item)	开展创业教育培训（场次）Number of Training Programs on Entrepreneurship (item)	当年获得技术支撑服务的团队和企业数量（个）Number of Groups and Startups Received Technical Support (unit)
合 计	**Total**	**20122**	**13735**	**11179**	**6972**	**7440**
大 连	Dalian	3114	2243	1587	1070	874
宁 波	Ningbo	4823	3634	1508	927	1513
厦 门	Xiamen	3829	2769	2349	1464	1286
青 岛	Qingdao	3082	2339	2626	1682	1485
深 圳	Shenzhen	5274	2750	3109	1829	2282

4-10 续表 continued

地 区	Region	当年获得投融资的创业团队数量（个）Number of Entrepreneurial Groups that Received Investment (unit)	当年获得投融资的初创企业数量（个）Number of Startup Companies that Received Investment (unit)	创业团队当年获得投融资总额（千元）Amount of Investment Received by Entrepreneurial Groups (1000 yuan)	初创企业当年获得投融资总额（千元）Amount of Investment Received by Startup Companies (1000 yuan)
合 计	**Total**	**670**	**681**	**5568395**	**3189675**
大 连	Dalian	66	70	65161	69716
宁 波	Ningbo	155	200	218046	745021
厦 门	Xiamen	161	151	281616	623492
青 岛	Qingdao	90	89	64364	114781
深 圳	Shenzhen	198	171	4939208	1636666

4-11 计划单列市众创空间创业团队和企业情况

Statistics of Groups and Startups of Mass Maker Spaces of the Cities Listed Independently in the State Plan

地 区	Region	创业团队人员数量（人）Number of Employment by Entrepreneurial Groups (person)	应届大学毕业生（人）Number of Recruited College Graduates (person)	常驻创业团队拥有有效知识产权数量（个）Valid IPRs Held by Tenants (piece)	发明专利数量（个）Invention Patents (piece)	新注册企业数量（家）Newly Registered Companies (unit)
合 计	**Total**	**52202**	**8255**	**7509**	**1818**	**7452**
大 连	Dalian	6498	737	141	61	1954
宁 波	Ningbo	13303	1776	1464	655	1555
厦 门	Xiamen	12701	1710	1921	194	1495
青 岛	Qingdao	5822	1328	958	225	944
深 圳	Shenzhen	13878	2704	3025	683	1504

4-11 续表 continued

地 区	Region	初创企业吸纳就业人数（人）Number of Employment by Startups (person)	应届大学毕业生（人）Number of Recruited College Graduates (person)	常驻初创企业拥有有效知识产权数量（个）Valid IPRs Held by Startups (piece)	发明专利数量（个）Invention Patents (piece)
合 计	**Total**	**52160**	**9048**	**9416**	**2154**
大 连	Dalian	5623	935	483	116
宁 波	Ningbo	15276	2727	1645	526
厦 门	Xiamen	9014	1495	2551	233
青 岛	Qingdao	6253	949	955	239
深 圳	Shenzhen	15994	2942	3782	1040

4-12 计划单列市众创空间收入情况
Income Statistics of Mass Maker Space of the Cities Listed Independently in the State Plan

单位：千元 (1000 yuan)

地 区	Region	众创空间总收入 Total Income	服务收入 Service Income	房租及物业收入 Rent and Logistics Income	投资收入 Investment Income	财政补贴 Fiscal Subsidy
合 计	**Total**	**1802040**	**710919**	**390273**	**47831**	**330212**
大 连	Dalian	56082	11546	12086	1820	27302
宁 波	Ningbo	485700	161308	130168	954	96011
厦 门	Xiamen	361852	180730	44911	27008	94980
青 岛	Qingdao	137943	57017	27974	3879	39465
深 圳	Shenzhen	760463	300319	175135	14170	72454

4-13 计划单列市国家备案众创空间基本运营情况
General Statistics of National Mass Maker Spaces of the Cities Listed Independently in the State Plan

地 区	Region	统计众创空间数量（个）Number of Mass Maker Spaces with Data (unit)	众创空间总收入（千元）Total Income of Mass Maker Spaces (1000 yuan)	提供工位数（个）Number of Cubicles Offered (unit)	众创空间服务人员数量（人）Number of Service Personnel (person)	创业导师人数（人）Number of Innovation Mentors (person)	享受财政资金支持额（千元）Received Fiscial Fund Support (1000 yuan)
合 计	**Total**	**251**	**931716**	**50072**	**11457**	**6149**	**163920**
大 连	Dalian	29	40233	4210	225	492	4928
宁 波	Ningbo	23	111125	4997	281	631	92873
厦 门	Xiamen	33	77522	8902	295	1002	11831
青 岛	Qingdao	76	95681	10524	608	1326	24585
深 圳	Shenzhen	90	607155	21439	10048	2698	29704

4-14 计划单列市国家备案众创空间服务情况
Service Statistics of National Mass Maker Spaces of the Cities Listed Independently in the State Plan

地 区	Region	当年服务的创业团队数量（个）Number of Serviced Entrepreneurial Groups (unit)	当年服务的初创企业的数量（个）Number of Serviced Startup Companies (unit)	举办创新创业活动（场次）Number of Activities for Business Creation and Innovation (item)	开展创业教育培训（场次）Number of Training Programs on Entrepreneurship (item)	当年获得技术支撑服务的团队和企业数量（个）Number of Groups and Startups Received Technical Support (unit)
合 计	**Total**	**11326**	**7953**	**6908**	**3774**	**4470**
大 连	Dalian	2597	1898	1323	809	641
宁 波	Ningbo	1570	948	446	244	655
厦 门	Xiamen	1257	1104	1163	468	436
青 岛	Qingdao	2312	1874	1737	1151	917
深 圳	Shenzhen	3590	2129	2239	1102	1821

4-14 续表 continued

地 区	Region	当年获得投融资的创业团队数量（个）Number of Entrepreneurial Groups that Received Investment (unit)	当年获得投融资的初创企业数量（个）Number of Startup Companies that Received Investment (unit)	创业团队当年获得投融资总额（千元）Amount of Investment Received by Entrepreneurial Groups (1000 yuan)	初创企业当年获得投融资总额（千元）Amount of Investment Received by Startup Companies (1000 yuan)
合 计	**Total**	**350**	**330**	**4309585**	**1934070**
大 连	Dalian	24	21	47064	42760
宁 波	Ningbo	66	76	77198	462447
厦 门	Xiamen	48	47	90336	135519
青 岛	Qingdao	63	64	34268	79305
深 圳	Shenzhen	149	122	4060719	1214039

4-15 计划单列市国家备案众创空间创业团队和企业情况
Statistics of Groups and Startups of National Mass Maker Spaces of the Cities Listed Independently in the State Plan

地 区	Region	创业团队人员数量（人）Number of Employment by Entrepreneurial Groups (person)	应届大学毕业生（人）Number of Recruited College Graduates (person)	常驻创业团队拥有有效知识产权数量（个）Valid IPRs Held by Tenants (piece)	发明专利数量（个）Invention Patents (piece)	新注册企业数量（家）Newly Registered Companies (unit)
合 计	**Total**	**28142**	**4694**	**4111**	**1015**	**4679**
大 连	Dalian	4953	436	106	58	1799
宁 波	Ningbo	5133	664	643	224	532
厦 门	Xiamen	4013	463	626	55	603
青 岛	Qingdao	4109	1135	732	195	684
深 圳	Shenzhen	9934	1996	2004	483	1061

4-15 续表 continued

地 区	Region	初创企业吸纳就业人数（人）Number of Employment by Startups (person)	应届大学毕业生（人）Number of Recruited College Graduates (person)	常驻初创企业拥有有效知识产权数量（个）Valid IPRs Held by Startups (piece)	发明专利数量（个）Invention Patents (piece)
合 计	**Total**	**31618**	**4829**	**5346**	**1504**
大 连	Dalian	4299	447	364	88
宁 波	Ningbo	6930	1342	649	187
厦 门	Xiamen	2788	451	807	109
青 岛	Qingdao	4546	792	724	202
深 圳	Shenzhen	13055	1797	2802	918

4-16 计划单列市国家备案众创空间收入情况
Income Statistics of National Mass Maker Space of the Cities Listed Independently in the State Plan

单位：千元 (1000 yuan)

地 区	Region	众创空间总收入 Total Income	服务收入 Service Income	房租及物业收入 Rent and Logistics Income	投资收入 Investment Income	财政补贴 Fiscal Subsidy
合 计	**Total**	**931716**	**315439**	**213129**	**15847**	**193242**
大 连	Dalian	40233	6607	5135	610	24871
宁 波	Ningbo	111125	6946	61639	318	34673
厦 门	Xiamen	77522	20560	13093	1927	41289
青 岛	Qingdao	95681	43314	8559	3043	36666
深 圳	Shenzhen	607155	238013	124702	9949	55744

第五部分

国家大学科技园

The Fifth Part

National University Science Parks

5-1 国家大学科技园主要经济指标
Main Economic Indicators of National University Science Parks

年份 Year	大学科技园*（个） Number of University Science Parks (unit)	场地面积（万平方米） Space Area (10000 sq.m)	在孵企业数（个） Number of Tenants (unit)	当年新孵企业（个） New Tenants of the Year (unit)	在孵企业总收入（亿元） Total Income of Tenants (100 million yuan)	在孵企业人数（万人） Number of Employees of Tenants (10000 person)	累计毕业企业（个） Accumulated Number of Graduated Tenants (unit)
2004	42	478.4	4978	1120	226.2	6.5	1137
2005	49	500.5	6075	1213	271.9	11.0	1320
2006	62	517.0	6720	1348	295.0	13.6	1794
2007	62	528.3	6574	1359	295.1	12.9	1958
2008	68	698.2	6173	1294	247.2	12.5	2979
2009	76	814.3	6541	1396	498.9	13.9	3673
2010	86	814.5	6617	1858	221.6	12.8	4363
2011	85	766.7	6923	1673	170.5	13.1	5137
2012	94	919.4	7369	1787	206.7	13.2	5715
2013	94	775.9	8204	2028	262.1	14.7	6515
2014	115	801.7	9972	2828	361.2	16.3	7192
2015	115	745.9	10118	2837	277.2	14.6	8219
2016	115	737.8	9861	2573	289.5	13.2	9189
2017	115	793.8	10448	2696	340.0	13.7	9866
2018	115	708.6	10127	2720	325.0	12.8	10733

注：2018年有1家大学科技园未上报数据，所有指标为114家大学科技园的汇总数据。

5-2 各地区国家大学科技园基本情况
General Statistics of National University Science Parks by Region

地区	Region	入统大学科技园数量（个）Number of University Science Parks (unit)	管理机构从业人员总数（人）Total Number of Administration Employees (person)	孵化基金总额（千元）Total Value of Incubation Fund (1000 yuan)	年末固定资产净值（千元）Year End Net Value of Fixed Asset (1000 yuan)	场地面积（平方米）Space Area (sq.m)
合计	**Total**	**114**	**2768**	**1341659**	**5051761**	**7085649**
东部地区	Eastern Region	64	1571	824765	3539177	3928865
中部地区	Middle Region	12	396	261610	1300034	1851241
西部地区	Western Region	24	499	110692	138487	861004
东北地区	Northeast Region	14	302	144592	74062	444539
北京	Beijing	15	509	93962	352670	1343248
天津	Tianjin	1	6		237	171900
河北	Hebei	3	83	18500	81575	175267
山西	Shanxi	1	22	5000	60	17923
内蒙古	Inner Mongolia	1	22		2693	162959
辽宁	Liaoning	6	114	18900	17262	191679
吉林	Jilin	3	20	33057	3587	66800
黑龙江	Heilongjiang	5	168	92635	53214	186060
上海	Shanghai	13	374	166294	178725	635307
江苏	Jiangsu	15	295	352900	1191264	811671
浙江	Zhejiang	6	125	136000	965831	235480
安徽	Anhui	1	83	55350	91448	157160
福建	Fujian	2	27	5000	169	33994
江西	Jiangxi	3	46	34000	81506	297160
山东	Shandong	5	89	26928	746269	394495
河南	Henan	2	70	35150	155762	600000
湖北	Hubei	3	109	116000	946609	666678
湖南	Hunan	2	66	16110	24650	112320
广东	Guangdong	2	38	20000	18792	88703
广西	Guangxi	1	19	6000	1	26807
海南	Hainan	2	25	5180	3645	38800
重庆	Chongqing	2	28	8000	4266	49861
四川	Sichuan	5	136	37269	6123	277487
贵州	Guizhou	2	36	4423	3171	41103
云南	Yunnan	2	71	15000	6124	49000
西藏	Tibet					
陕西	Shaanxi	4	88	22000	80177	98937
甘肃	Gansu	3	44		6894	65439
青海	Qinghai	1	14	15000	43	10080
宁夏	Ningxia	1	14		5556	33828
新疆	Xinjiang	1	17	3000	23360	17095
新疆兵团	Xinjiang Corps	1	10		81	28408

5-3 各地区国家大学科技园人员情况
Personnel Distribution of National University Science Parks by Region

单位：人 (person)

地区	Region	管理机构从业人员总数 Total Number of Administration Employees	博士 Doctor	硕士 Master	研究生学历 Post-graduate	本科 Under-graduate	大专 Junior College	留学回国人员 Returned Overseas Scholars
合　计	**Total**	**2768**	**144**	**725**	**803**	**1525**	**289**	**85**
东部地区	Eastern Region	1571	89	411	454	859	178	59
中部地区	Middle Region	396	4	81	88	236	49	6
西部地区	Western Region	499	24	135	144	274	37	9
东北地区	Northeast Region	302	27	98	117	156	25	11
北　京	Beijing	509	38	155	178	229	84	25
天　津	Tianjin	6			1	5		
河　北	Hebei	83	5	16	21	53	5	2
山　西	Shanxi	22	3	7	10	10	2	
内蒙古	Inner Mongolia	22		4	4	18		2
辽　宁	Liaoning	114	13	38	45	50	18	3
吉　林	Jilin	20	1	9	8	9		
黑龙江	Heilongjiang	168	13	51	64	97	7	8
上　海	Shanghai	374	12	69	55	223	60	12
江　苏	Jiangsu	295	18	102	120	154	14	13
浙　江	Zhejiang	125	5	28	29	79	9	6
安　徽	Anhui	83	1	17	18	40	6	1
福　建	Fujian	27	3	10	12	14		1
江　西	Jiangxi	46		14	14	30	2	
山　东	Shandong	89	7	16	23	62	3	
河　南	Henan	70		10	10	45	15	2
湖　北	Hubei	109		23	23	64	18	1
湖　南	Hunan	66		10	13	47	6	2
广　东	Guangdong	38	1	12	13	24	1	
广　西	Guangxi	19	1	8	8	9	1	
海　南	Hainan	25		3	2	16	2	
重　庆	Chongqing	28	1	6	7	15	2	
四　川	Sichuan	136	5	42	45	72	12	4
贵　州	Guizhou	36	9	11	20	11	5	
云　南	Yunnan	71	2	20	22	38		1
西　藏	Tibet							
陕　西	Shaanxi	88	4	21	21	51	5	2
甘　肃	Gansu	44		9	9	27	6	
青　海	Qinghai	14	2		2	10	2	
宁　夏	Ningxia	14		8		6		
新　疆	Xinjiang	17		1	1	12	4	
新疆兵团	Xinjiang Corps	10		5	5	5		

5-4 各地区国家大学科技园孵化场地情况
Incubation Space of National University Science Parks by Region

单位：平方米 (sq.m)

地　区	Region	总面积 Total Space Area	办公用房 Space Area for Office	孵化用房 Space Area of Incubation	研发用房 Space Area of R&D	生产用房 Space Area of Manufacurting	其它 Others
合　计	**Total**	**7085649**	**424511**	**3310783**	**989091**	**1086940**	**1274324**
东部地区	Eastern Region	3928865	172233	2075178	520050	266521	894882
中部地区	Middle Region	1851241	181664	413064	302742	683653	270118
西部地区	Western Region	861004	25902	567550	118852	101234	47467
东北地区	Northeast Region	444539	44712	254991	47447	35532	61857
北　京	Beijing	1343248	34635	473808	270511	48406	515888
天　津	Tianjin	171900	26400	80800	43000	16000	5700
河　北	Hebei	175267	17329	120052	12762	17437	7687
山　西	Shanxi	17923	300	11300	2000	2000	2323
内蒙古	Inner Mongolia	162959	610	155049	3300		4000
辽　宁	Liaoning	191679	39461	78970	17205	9677	46366
吉　林	Jilin	66800	1700	33514	6400	18360	6826
黑龙江	Heilongjiang	186060	3551	142507	23842	7495	8665
上　海	Shanghai	635307	34580	287086	41731	90966	180944
江　苏	Jiangsu	811671	32075	609866	69378	60979	39373
浙　江	Zhejiang	235480	10204	155473	6949	2083	60772
安　徽	Anhui	157160	20739	31939	38567	52296	13619
福　建	Fujian	33994	1018	27852	3204		1920
江　西	Jiangxi	297160	1743	94231	35100	112000	54086
山　东	Shandong	394495	11993	244009	60294	23650	54549
河　南	Henan	600000	3090	97004	172287	215919	111700
湖　北	Hubei	666678	154464	135261	47764	270180	59009
湖　南	Hunan	112320	1328	43329	7024	31258	29381
广　东	Guangdong	88703	1756	68480	5571	7000	5896
广　西	Guangxi	26807	898	23327	1174		1409
海　南	Hainan	38800	2244	7753	6651		22152
重　庆	Chongqing	49861	3079	35880	6211	1938	2753
四　川	Sichuan	277487	3839	135467	71275	48660	18246
贵　州	Guizhou	41103	1925	28370	4618	6190	
云　南	Yunnan	49000	1652	34114	5960	5000	2274
西　藏	Tibet						
陕　西	Shaanxi	98937	9111	57466	6184	11700	14476
甘　肃	Gansu	65439	2409	33396	7370	20424	1841
青　海	Qinghai	10080	800	7920	1360		
宁　夏	Ningxia	33828	300	24306	5100	4122	
新　疆	Xinjiang	17095	896	13931			2268
新疆兵团	Xinjiang Corps	28408	384	18324	6300	3200	200

5-5 各地区国家大学科技园在孵企业情况

Incubation Statistics of National of University Science Parks by Region

地区	Region	在孵企业（个）Number of Tenants (unit)	当年新孵（个）New Tenants of the Year (unit)	从业人员数（人）Number of Employees (person)	总收入（千元）Total Income (1000 yuan)	工业总产值（千元）Gross Industrial Output Value (1000 yuan)	净利润（千元）Net Profit (1000 yuan)	上缴税金（千元）Taxes Submmitted (1000 yuan)
合　计	**Total**	**10127**	**2720**	**127711**	**32497447**	**13082071**	**1635601**	**1419826**
东部地区	Eastern Region	5810	1587	73224	23226326	8600997	1165759	942820
中部地区	Middle Region	1380	457	24686	4700220	2209719	148081	245648
西部地区	Western Region	2077	487	18968	2765961	1531566	117471	139828
东北地区	Northeast Region	860	189	10833	1804939	739790	204290	91531
北　京	Beijing	1648	451	19682	4794101	1355886	479157	258172
天　津	Tianjin	39	5	364	86238	15961	6783	2782
河　北	Hebei	221	49	6852	2102494	1023037	143356	91182
山　西	Shanxi	59	27	333	6306	1431	-62	610
内蒙古	Inner Mongolia	112	28	1351	167058		3733	12944
辽　宁	Liaoning	337	66	4077	779521	409480	91077	25101
吉　林	Jilin	157	15	2627	166443	147211	8228	5961
黑龙江	Heilongjiang	366	108	4129	858975	183099	104985	60469
上　海	Shanghai	1229	349	9362	4500902	1035006	-205396	136995
江　苏	Jiangsu	1307	291	20300	7603331	3608583	528983	332182
浙　江	Zhejiang	566	199	6734	787163	229133	34753	23014
安　徽	Anhui	165	57	1911	322961	197524	24896	17715
福　建	Fujian	114	36	950	170357	35978	-1126	4613
江　西	Jiangxi	233	67	5601	635452	420787	69738	39565
山　东	Shandong	390	90	4868	2043293	1283432	146284	41372
河　南	Henan	376	99	7748	1383500	732009	49115	64863
湖　北	Hubei	342	133	6329	1377051	305879	-77937	72034
湖　南	Hunan	205	74	2764	974950	552089	82331	50861
广　东	Guangdong	192	74	3582	1087395	5342	24237	51631
广　西	Guangxi	71	13	710	93457	22524	12377	2778
海　南	Hainan	104	43	530	51051	8639	8729	876
重　庆	Chongqing	190	48	1307	144246	26215	12238	4986
四　川	Sichuan	485	173	5748	838330	622434	25647	53585
贵　州	Guizhou	224	45	1427	146043	101972	9906	2781
云　南	Yunnan	199	24	2958	547733	194543	30210	28375
西　藏	Tibet							
陕　西	Shaanxi	251	48	2069	342160	296012	2648	13531
甘　肃	Gansu	216	39	1473	181232	158151	16424	7514
青　海	Qinghai	42	6	325	47535	21000	2161	2663
宁　夏	Ningxia	52	9	170	12000	6000	1200	120
新　疆	Xinjiang	209	51	1139	185279	22326	-257	6241
新疆兵团	Xinjiang Corps	26	3	291	60888	60389	1184	4310

5-6 各地区国家大学科技园毕业企业情况

General Statistics of Graduated Tenants of National University Science Parks by Region

地区	Region	累计毕业企业（个）Accmulated Number of Graduated Enterprises (unit)	从业人员数（人）Number of Employees (person)	总收入（千元）Total Income (1000 yuan)	工业总产值（千元）Gross Industrial Output Value (1000 yuan)
合　计	**Total**	**10733**	**373405**	**180311409**	**113782256**
东部地区	Eastern Region	6875	203377	121499737	68206092
中部地区	Middle Region	1271	60452	18544607	15091833
西部地区	Western Region	1614	48854	18184737	11522295
东北地区	Northeast Region	973	60722	22082329	18962036
北　京	Beijing	2239	56793	17200852	3688007
天　津	Tianjin	19	410	174329	195038
河　北	Hebei	360	7433	1904417	1766355
山　西	Shanxi	54	916	80347	47039
内蒙古	Inner Mongolia	42	342	46516	
辽　宁	Liaoning	552	48099	19755464	17223158
吉　林	Jilin	102	4319	491395	421399
黑龙江	Heilongjiang	319	8304	1835470	1317479
上　海	Shanghai	1113	41641	18980771	8988261
江　苏	Jiangsu	1444	39005	24480545	18790219
浙　江	Zhejiang	823	23030	44371999	22760121
安　徽	Anhui	200	7644	5129122	3956354
福　建	Fujian	47	609	426463	320809
江　西	Jiangxi	468	29475	6720976	5449510
山　东	Shandong	393	18825	7987872	6141156
河　南	Henan	156	2142	1240985	1269497
湖　北	Hubei	281	12377	4386264	3622332
湖　南	Hunan	112	7898	986913	747101
广　东	Guangdong	405	15375	5936090	5554503
广　西	Guangxi	38	1337	744388	1246696
海　南	Hainan	32	256	36399	1623
重　庆	Chongqing	254	10120	1371341	876642
四　川	Sichuan	442	17905	11904840	5857709
贵　州	Guizhou	37	174	35500	2140
云　南	Yunnan	114	4042	1730871	1114834
西　藏	Tibet				
陕　西	Shaanxi	368	8082	1342327	1428050
甘　肃	Gansu	174	4258	980203	994724
青　海	Qinghai	5	35	4840	
宁　夏	Ningxia	28	1800	12000	
新　疆	Xinjiang	93	574	6975	
新疆兵团	Xinjiang Corps	19	185	4935	1500

5-7 计划单列市国家大学科技园基本情况
General Statistics of National University Science Parks of the Cities Listed Independently in the State Plan

地区	Region	入统大学科技园数量（个）Number of University Science Parks (unit)	管理机构从业人员总数（人）Total Number of Administration Employees (person)	孵化基金总额（千元）Total Value of Incubation Fund (1000 yuan)	年末固定资产净值（千元）Year End Net Value of Fixed Asset (1000 yuan)	场地面积（平方米）Space Area (sq.m)
合计	**Total**	**8**	**133**	**34428**	**88846**	**421860**
大连	Dalian	2	18	1500	68	66977
宁波	Ningbo	1	30	6000	7144	60000
厦门	Xiamen	1	10		161	17158
青岛	Qingdao	3	55	26928	62915	209725
深圳	Shenzhen	1	20		18558	68000

5-8 计划单列市国家大学科技园人员情况
Personnel Distribution of National University Science Parks of the Cities Listed Independently in the State Plan

单位：人 (person)

地区	Region	管理机构从业人员总数 Total Number of Administration Employees	博士 Doctor	硕士 Master	研究生学历 Post-graduate	本科 Under-graduate	大专 Junior College	留学回国人员 Returned Overseas Scholars
合计	**Total**	**133**	**10**	**34**	**44**	**88**	**1**	**2**
大连	Dalian	18	3	8	11	7		
宁波	Ningbo	30		2	2	28		1
厦门	Xiamen	10	1	4	5	5		1
青岛	Qingdao	55	5	12	17	37	1	
深圳	Shenzhen	20	1	8	9	11		

5-9 计划单列市国家大学科技园孵化场地情况
Incubation Space of National University Science Parks of the Cities Listed Independently in the State Plan

单位：平方米 (sq.m)

地区	Region	总面积 Total Space Area	办公用房 Space Area for Office	孵化用房 Space Area of Incubation	研发用房 Space Area of R&D	生产用房 Space Area of Manufacurting	其它 Others
合计	**Total**	**421860**	**44966**	**252494**	**34174**	**24327**	**65899**
大连	Dalian	66977	32200	17000	2000	2177	13600
宁波	Ningbo	60000	3500	49200	1100		6200
厦门	Xiamen	17158	673	16485			
青岛	Qingdao	209725	7293	115609	27074	15150	44599
深圳	Shenzhen	68000	1300	54200	4000	7000	1500

5-10 计划单列市国家大学科技园在孵企业情况
Incubation Statistics of National of University Science Parks of the Cities Listed Independently in the State Plan

地区	Region	在孵企业（个）Number of Tenants (unit)	当年新孵（个）New Tenants of the Year (unit)	从业人员数（人）Number of Employees (person)	总收入（千元）Total Income (1000 yuan)	工业总产值（千元）Gross Industrial Output Value (1000 yuan)	净利润（千元）Net Profit (1000 yuan)	上缴税金（千元）Taxes Submmitted (1000 yuan)
合计	**Total**	**518**	**140**	**7629**	**1879362**	**645612**	**125256**	**63047**
大连	Dalian	84	20	685	20091	20314	1369	268
宁波	Ningbo	92	18	1101	100705		5238	2815
厦门	Xiamen	52	20	327	60715	18015	-4102	3072
青岛	Qingdao	193	44	3421	1107203	604455	103506	27349
深圳	Shenzhen	97	38	2095	590649	2828	19245	29542

5-11 计划单列市国家大学科技园毕业企业情况
General Statistics of Graduated Tenants of National University Science Parks of the Cities Listed Independently in the State Plan

城市	City	累计毕业企业（个）Accmulated Number of Graduated Enterprises (unit)	从业人员数（人）Number of Employees (person)	总收入（千元）Total Income (1000 yuan)	工业总产值（千元）Gross Industrial Output Value (1000 yuan)
合计	**Total**	**824**	**24879**	**10021596**	**9138546**
大连	Dalian	181	3311	1375192	1408548
宁波	Ningbo	155	271	152666	
厦门	Xiamen	44	526	360969	300538
青岛	Qingdao	163	9443	3632192	2930906
深圳	Shenzhen	281	11328	4500577	4498553

第六部分

国家火炬软件产业基地

The Sixth Part

National Torch Program Software Industrial Bases

6-1 软件产业基地主要经济指标

Main Economic Indicators of Software Industrial Bases

年 份 Year	软件产业基地 (个) Number of Software Bases (unit)	基地总人数 (万人) Total Number of Employees (10000 person)	营业收入* (亿元) Operating Revenue (100 million yuan)	利税总额 (亿元) Total Value of Profits and Taxes (100 million yuan)	出口创汇 (亿美元) Export (100 million USD)
2003	24	31.3	1143.9	132.9	4.8
2004	29	43.6	1638.0	165.4	13.2
2005	32	65.2	3375.0	351.2	48.6
2006	33	77.9	4541.0	432.0	100.0
2007	34	90.2	5213.4	1230.5	78.4
2008	35	106.4	6897.5	884.4	103.5
2009	35	129.3	7677.1	1123.5	100.5
2010	35	148.3	9204.8	1432.5	108.5
2011	38	190.9	13661.8	1926.1	222.8
2012	39	226.8	16950.9	2407.1	273.8
2013	41	264.2	20171.7	3046.3	295.9
2014	41	296.0	23792.0	3611.8	334.1
2015	43	331.6	29410.3	4227.6	348.0
2016	44	354.2	32906.8	4858.3	372.8
2017	44	383.9	39774.7	5615.0	426.9
2018	44	408.8	46423.5	6330.7	548.6

注：2014年报表制度进一步完善指标及定义，取消了“总收入”的指标，增加了“营业收入”的指标。此列2014年前所列数据为软件基地总收入汇总数据。

6-2 软件产业基地场地情况
Space Area of Software Industrial Bases

单位：万平方米 (10000 sq.m)

软件产业基地 Software Industrial Base	规划用地面积 Planned Land Area	现有用地面积 Land Area	现有建筑面积 Building Area	现有孵化面积 Incubation Area
合　计 Total	**22987**	**13094**	**5944**	**1683**
北京软件产业基地 Beijing Software Industrial Base	1143	978	94	8
中关村软件园 Zhongguancun Software Park	263	263	320	8
天津滨海高新区软件园 Tianjin Binhai Software Park	308	80	74	26
河北软件产业基地(石家庄) Hebei Software Base(Shijiazhuang)	57	15	30	18
山西软件园 Shanxi Software Park	100	25	63	49
内蒙古软件园 Inner Mongolia Software Park	40	3	3	3
东大软件园 Dongda Software Park	138	109	63	24
沈阳软件园 Shenyang Software Park	470	470	80	12
大连软件园 Dalian Software Park	2808	306	164	84
长春软件园 Changchun Software Park	101	81	72	51
吉林软件园 Jilin Software Park	95	40	49	25
大庆软件园 Daqing Software Park	26	26	31	31
上海软件园 Shanghai Software Park	635	338	352	80
江苏软件园 Jiangsu Software Park	642	51	34	21
南京软件园 Nanjing Software Park	591	368	200	16
无锡软件园 Wuxi Software Park	1000	912	306	120
常州软件园 Changzhou Software Park	135	15	60	15
武进软件园 Wujin Software Park	307	207	42	38
苏州软件园 Suzhou Software Park	787	365	264	90
如皋软件园 Rugao Software Park	800	800	22	19
杭州高新软件园 Hangzhou Hi-tech Software Park	83	83	152	28

6-2 续表 continued

单位：万平方米 (10000 sq.m)

软件产业基地 Software Industrial Base	规划用地面积 Planned Land Area	现有用地面积 Land Area	现有建筑面积 Building Area	现有孵化面积 Incubation Area
宁波市软件与服务外包产业园 Ningbo Software Park	72	13	15	6
合肥软件园 Hefei Software Park	139	45	65	22
福州软件园 Fuzhou Software Park	330	200	136	4
厦门软件园 Xiamen Software Park	1105	285	332	19
金庐软件园 Jinlu Software Park	57	11	16	16
齐鲁软件园 Qilu Software Park	2200	1270	365	39
青岛软件园 Qingdao Software Park	568	316	336	30
东营软件园 Dongying Software Park	147	19	12	10
潍坊软件园 Weifang Software Park	100	25	80	30
临沂软件园 Linyi Software Park	100	42	29	21
郑州软件园 Zhengzhou Software Park	17	17	26	16
湖北软件产业基地 Hubei Software Base	180	181	450	13
长沙软件园 Changsha Software Park	1225	1225	380	55
广州软件园 Guangzhou Software Park	1496	922	268	233
深圳软件园 Shenzhen Software Park	233	14	40	24
珠海高新区软件园 Zhuhai Software Park	1350	385	128	42
南宁软件园 Nanning Software Park	7	7	2	1
重庆软件园 Chongqing Software Park	70	65	66	18
天府软件园 Tianfu Software Park	1550	1089	516	280
贵阳火炬软件园 Guiyang Torch Software Park	76	28	40	25
云南软件园 Yunnan Software Park	40	3	10	5
西安软件园 Xi'an Software Park	1393	1393	150	4
兰州软件园 Lanzhou Software Park	4	4	7	7

6-3 软件产业基地从业人员情况
Personnel Statistics of Software Industrial Bases

单位：人 (person)

软件产业基地 Software Industrial Base	年末基地总人数 Year End Total Number of Employees of the Base	博士学历 Doctor Degree	硕士学历 Master Degree	本科学历 Bachlor Degree
合　计 Total	**4087763**	**39920**	**444250**	**2459293**
北京软件产业基地 Beijing Software Industrial Base	838975	6352	112764	482788
中关村软件园 Zhongguancun Software Park	77938	3273	12158	49647
天津滨海高新区软件园 Tianjin Binhai Software Park	45651	267	3173	25139
河北软件产业基地(石家庄) Hebei Software Base(Shijiazhuang)	10552	215	703	7010
山西软件园 Shanxi Software Park	15010	65	700	6842
内蒙古软件园 Inner Mongolia Software Park	2134	20	225	1820
东大软件园 Dongda Software Park	18978	82	2680	13584
沈阳软件园 Shenyang Software Park	25932	81	3402	16555
大连软件园 Dalian Software Park	83853	163	6507	58537
长春软件园 Changchun Software Park	39723	243	2581	29463
吉林软件园 Jilin Software Park	4435	29	235	2592
大庆软件园 Daqing Software Park	27933	221	1456	15767
上海软件园 Shanghai Software Park	308546	3945	39250	200753
江苏软件园 Jiangsu Software Park	28500	130	2830	15550
南京软件园 Nanjing Software Park	93360	908	9292	55193
无锡软件园 Wuxi Software Park	181294	957	6735	147891
常州软件园 Changzhou Software Park	17890	191	1139	13450
武进软件园 Wujin Software Park	51100	3970	10900	16000
苏州软件园 Suzhou Software Park	78220	430	4134	32223
如皋软件园 Rugao Software Park	20257	62	512	17869
杭州高新软件园 Hangzhou Hi-tech Software Park	298632	1233	32338	165485

6-3 续表 continued

单位：人 (person)

软件产业基地 Software Industrial Base	年末基地总人数 Year End Total Number of Employees of the Base	博士学历 Doctor Degree	硕士学历 Master Degree	本科学历 Bachlor Degree
宁波市软件与服务外包产业园 Ningbo Software Park	30638	1182	5776	13603
合肥软件园 Hefei Software Park	45520	525	7150	24526
福州软件园 Fuzhou Software Park	58812	118	2937	41811
厦门软件园 Xiamen Software Park	105900	601	5320	71377
金庐软件园 Jinlu Software Park	25686	237	1531	13883
齐鲁软件园 Qilu Software Park	171212	1337	14205	137245
青岛软件园 Qingdao Software Park	83679	223	6194	26380
东营软件园 Dongying Software Park	3472	28	171	2232
潍坊软件园 Weifang Software Park	21989	139	1002	11941
临沂软件园 Linyi Software Park	8724	46	624	4512
郑州软件园 Zhengzhou Software Park	8062	39	282	5821
湖北软件产业基地 Hubei Software Base	193756	3650	33322	135670
长沙软件园 Changsha Software Park	78658	971	7105	42958
广州软件园 Guangzhou Software Park	197342	1038	10887	96189
深圳软件园 Shenzhen Software Park	294796	1379	43568	136497
珠海高新区软件园 Zhuhai Software Park	43314	201	5161	25083
南宁软件园 Nanning Software Park	9769	102	576	6221
重庆软件园 Chongqing Software Park	30029	798	3888	14713
天府软件园 Tianfu Software Park	175277	1898	17962	115718
贵阳火炬软件园 Guiyang Torch Software Park	31565	172	686	15262
云南软件园 Yunnan Software Park	4419	27	185	2437
西安软件园 Xi'an Software Park	190012	2332	21809	136514
兰州软件园 Lanzhou Software Park	6219	40	195	4542

6-4 软件产业基地软件人员分布情况

Personnel Distribution of Software Industrial Bases

单位：人 (person)

软件产业基地 Software Industrial Base	年末软件从业人数 Number of Employees in Software Companies	有5年以上(含)软件从业经验的人员 The Staff with More than 5 Years Software Experience	有2～5年(含2年)软件从业经验的人员 The Staff with 2-5 Years Software Experience	软件研发人员 R&D Personnel	测试人员 Testing Personnnel
合　计 Total	**3390817**	**979762**	**1590633**	**2170774**	**316211**
北京软件产业基地 Beijing Software Industrial Base	838975	165631	391599	755077	9060
中关村软件园 Zhongguancun Software Park	70144	31565	19485	31175	13405
天津滨海高新区软件园 Tianjin Binhai Software Park	41169	12351	28818	20585	1029
河北软件产业基地(石家庄) Hebei Software Base(Shijiazhuang)	8900	3880	4120	4706	1400
山西软件园 Shanxi Software Park	4858	1569	1959	2984	780
内蒙古软件园 Inner Mongolia Software Park	1680	880	710	530	110
东大软件园 Dongda Software Park	13725	6626	4799	13252	1348
沈阳软件园 Shenyang Software Park	12791	5025	4767	7253	1174
大连软件园 Dalian Software Park	79669	16708	61508	42361	14011
长春软件园 Changchun Software Park	24699	5134	13998	12912	1106
吉林软件园 Jilin Software Park	3705	1852	1429	1855	542
大庆软件园 Daqing Software Park	23712	7787	10258	15282	3800
上海软件园 Shanghai Software Park	187022	70193	44727	78409	10965
江苏软件园 Jiangsu Software Park	27500	4385	8751	6154	5347
南京软件园 Nanjing Software Park	77860	27251	46716	26472	8434
无锡软件园 Wuxi Software Park	156730	47550	91585	32731	14685
常州软件园 Changzhou Software Park	13348	3603	6680	4391	3452
武进软件园 Wujin Software Park	39000	14600	15410	34660	8594
苏州软件园 Suzhou Software Park	52575	13920	23387	30093	10098
如皋软件园 Rugao Software Park	19647	1973	13856	15674	3973
杭州高新软件园 Hangzhou Hi-tech Software Park	279865	83235	162323	254632	29873

6-4 续表 continued

单位：人 (person)

软件产业基地 Software Industrial Base	年末软件从业人数 Number of Employees in Software Companies	有5年以上(含)软件从业经验的人员 The Staff with More than 5 Years Software Experience	有2~5年(含2年)软件从业经验的人员 The Staff with 2-5 Years Software Experience	软件研发人员 R&D Personnel	测试人员 Testing Personnnel
宁波市软件与服务外包产业园 Ningbo Software Park	27400	6632	12836	8334	2935
合肥软件园 Hefei Software Park	38520	5730	14620	10520	5420
福州软件园 Fuzhou Software Park	27573	16710	10013	21079	5901
厦门软件园 Xiamen Software Park	95500	26242	43493	46742	14800
金庐软件园 Jinlu Software Park	14581	3587	4028	5875	1596
齐鲁软件园 Qilu Software Park	138544	48917	60995	77527	9022
青岛软件园 Qingdao Software Park	16807	9058	4679	9209	1452
东营软件园 Dongying Software Park	2930	552	1065	1311	403
潍坊软件园 Weifang Software Park	16846	5694	5569	10288	4339
临沂软件园 Linyi Software Park	6753	1471	2982	2734	1419
郑州软件园 Zhengzhou Software Park	6626	890	4229	4551	437
湖北软件产业基地 Hubei Software Base	193553	51027	89950	113789	17550
长沙软件园 Changsha Software Park	71139	35752	31763	33158	4615
广州软件园 Guangzhou Software Park	176571	45236	57568	78654	16980
深圳软件园 Shenzhen Software Park	148760	59886	48743	91766	17834
珠海高新区软件园 Zhuhai Software Park	43314	10020	19500	25332	4520
南宁软件园 Nanning Software Park	8633	2308	6243	7395	1650
重庆软件园 Chongqing Software Park	14886	8326	5714	9098	4625
天府软件园 Tianfu Software Park	165584	51289	90287	107489	13221
贵阳火炬软件园 Guiyang Torch Software Park	24252	5263	16625	12860	2036
云南软件园 Yunnan Software Park	1587	617	630	845	103
西安软件园 Xi'an Software Park	169837	57360	101180	99181	41789
兰州软件园 Lanzhou Software Park	3047	1477	1036	1849	378

6-5　软件产业基地收入情况
Income of Software Industrial Bases

单位：家、千元　　　　(unit, 1000 yuan)

软件产业基地 Software Industrial Base	企业数 Number of Enterp-rises	营业收入 Operating Revenue	软件收入 Software Income	软件产品收入 Software Sales Income	新产品销售收入 New Product Sales Income	系统集成收入 System Integration Income	嵌入式系统软件收入 Embeded Software Income	软件技术服务收入 Software Service Income	自主版权软件收入 Own Copyright Software Income
合　计 Total	**60735**	**4642350309**	**3455000100**	**900426950**	**374981387**	**293761916**	**356768241**	**955558079**	**1440879302**
北京软件产业基地 Beijing Software Industrial Base	5058	972138912	948484914						
中关村软件园 Zhongguancun Software Park	687	251960000	131176000	59845000	2064890	6947830	1043500	63339670	79530500
天津滨海高新区软件园 Tianjin Binhai Software Park	995	65560501	38430078	13364719	8018891	345939	228801	24490619	13364717
河北软件产业基地(石家庄) Hebei Software Base(Shijiazhuang)	330	14985584	11027272	4162353	824272	668391	3683256	2513272	5505000
山西软件园 Shanxi Software Park	383	6007507	3371450	1842396	383647	450876	164418	913760	681049
内蒙古软件园 Inner Mongolia Software Park	207	330000	169700	169700					
东大软件园 Dongda Software Park	21	8837218	6854745	3486487	1497698	1134348	1152985	1080925	1993689
沈阳软件园 Shenyang Software Park	533	16797438	9516131	2736957	1321945	2079739	2268222	2431213	3502432
大连软件园 Dalian Software Park	434	58814793	48789194	14170315	10521771	2497871	2043713	30077295	4405625
长春软件园 Changchun Software Park	581	11880001	7057468	2138960	817204	1581020	1208128	2129360	3956610
吉林软件园 Jilin Software Park	168	4168000	1727800	1258000	257500	92000	218000	159800	1402000
大庆软件园 Daqing Software Park	696	16871162	11247543	3294468	1329284	1660192	2094307	4198576	7572130
上海软件园 Shanghai Software Park	14102	251410603	179382020	68240886	38108122	39782350	24110271	47248513	69778347
江苏软件园 Jiangsu Software Park	420	29835480	18545500	13754600	931500	1495400	45500	3250000	13500000
南京软件园 Nanjing Software Park	895	113646789	85235091	41087166	16434866	9534498	16262242	18351185	58172950
无锡软件园 Wuxi Software Park	1685	158956203	118582630	9832029	7468982	12863502	50835135	45051964	92238500
常州软件园 Changzhou Software Park	845	30786345	24602673	3789212	836721	668763	18938726	1205972	14987263
武进软件园 Wujin Software Park	620	10217480	4514226	1207934	1007712	59234	3111816	135242	
苏州软件园 Suzhou Software Park	1121	67151690	35802915	7515948	5028562	589947	26336926	1360094	10234741
如皋软件园 Rugao Software Park	382	5836469	4139040	827484	526484	95276	636935	2579345	1637476
杭州高新软件园 Hangzhou Hi-tech Software Park	2198	323654236	323654236	102365963	40233654	46013656	30565489	144709128	312221036

6-5 续表 continued

单位：家、千元 (unit, 1000 yuan)

软件产业基地 Software Industrial Base	企业数 Number of Enterp-rises	营业收入 Operating Revenue	软件收入 Software Income	软件产品收入 Software Sales Income	新产品销售收入 New Product Sales Income	系统集成收入 System Integration Income	嵌入式系统软件收入 Embeded Software Income	软件技术服务收入 Software Service Income	自主版权软件收入 Own Copyright Software Income
宁波市软件与服务外包产业园 Ningbo Software Park	1435	9630000	6816500	3285000	804100	1137000	491000	1903500	252000
合肥软件园 Hefei Software Park	1365	16385904	10477694	6902982	2456820	2056240	611962	906510	325640
福州软件园 Fuzhou Software Park	770	91598227	42892757	14320101	8437514	8256960	5776471	14539225	23308188
厦门软件园 Xiamen Software Park	4478	108123000	101635600	58815620	33508800	17099000	7820000	17900980	92996574
金庐软件园 Jinlu Software Park	623	19723879	14148585	5327768	1080993	3625419	1294451	3900947	6876719
齐鲁软件园 Qilu Software Park	3356	248041557	190692470	116221112	49483506	15019146	27043262	32408950	117064506
青岛软件园 Qingdao Software Park	451	205345439	16131293	2826553	345148	1273323	9471207	2560210	1996851
东营软件园 Dongying Software Park	168	1512440	1102905	220581	94850	235236	11082	636007	507336
潍坊软件园 Weifang Software Park	306	16154710	10934649	4158132	2774610	3475124	1019213	2282180	8872140
临沂软件园 Linyi Software Park	179	2763246	1729985	812341	259453	421432	371452	124760	823568
郑州软件园 Zhengzhou Software Park	153	6520000	4122000	2188000	632000	614000	596000	724000	2793200
湖北软件产业基地 Hubei Software Base	2300	182869730	122763305	76966977	39652012	13968948	18150800	13676580	87325260
长沙软件园 Changsha Software Park	2522	35254578	22930206	9856789	2055462	2755394	8852334	1465689	12579627
广州软件园 Guangzhou Software Park	2195	208572039	195208690	36747985	23672581		2398641	156062064	53586415
深圳软件园 Shenzhen Software Park	1080	416624038	266511432	38935557	18803863	13768232	47641690	166165954	130778364
珠海高新区软件园 Zhuhai Software Park	234	62635814	34691589	14254747	1777725	686838	6957087	12792917	25953896
南宁软件园 Nanning Software Park	676	6853263	5319578	2786578	630159	774654	744342	1014004	442172
重庆软件园 Chongqing Software Park	292	30970761	12730462	3016666	812179	224503	2296187	7193106	8131836
天府软件园 Tianfu Software Park	1922	242430891	161400412	82694293	29158751	6056891	2189697	70459531	78706119
贵阳火炬软件园 Guiyang Torch Software Park	1272	19752665	9356451	3788948	268569	1893442	935146	2738915	663545
云南软件园 Yunnan Software Park	105	3686320	1957237	129946	7561	1191183	63748	572360	944604
西安软件园 Xi'an Software Park	2400	283156000	206139000	59641000	20502000	69883000	27083000	49532000	90594561
兰州软件园 Lanzhou Software Park	92	3899395	2996673	1438697	149026	785120	1099	771757	672115

6-6 软件产业基地出口和利税情况
Export Profit and Taxes of Software Industrial Bases

单位：千元 (1000 yuan)

软件产业基地 Software Industrial Base	出口总额 Export	软件出口额 Software Export	净利润 Net Profit	实际上缴税额 Taxes Submitted	减免税总额 Taxes Relief	劳动者报酬 Salary
合　计 Total	**363045906**	**156149864**	**412281537**	**220792727**	**74406784**	**603813069**
北京软件产业基地 Beijing Software Industrial Base			81100892	56883468	26792624	211619349
中关村软件园 Zhongguancun Software Park	12900000		23270000	10640000	550000	12157679
天津滨海高新区软件园 Tianjin Binhai Software Park	2369288	946932	3942103	2517009	2123377	6235650
河北软件产业基地(石家庄) Hebei Software Base(Shijiazhuang)	266147	172002	900666	984396	444000	1002098
山西软件园 Shanxi Software Park	26132		424496	397261	108327	784484
内蒙古软件园 Inner Mongolia Software Park			48510	21000		18350
东大软件园 Dongda Software Park	1201170	852470	68144	627077	144136	3422419
沈阳软件园 Shenyang Software Park	819220	438039	1143430	969452	242102	3284749
大连软件园 Dalian Software Park	14859442	10339593	3149396	2599115	936772	13395534
长春软件园 Changchun Software Park	318429	215457	785401	518980	231012	564060
吉林软件园 Jilin Software Park	19000	19000	398050	301050	22150	213000
大庆软件园 Daqing Software Park	3399812	541590	804456	490849	13521	1182798
上海软件园 Shanghai Software Park	11875858	11875858	25819241	8166819	1143287	35255500
江苏软件园 Jiangsu Software Park	725000	725000	1900000	1900000		950000
南京软件园 Nanjing Software Park	9086137	2137028	4902404	5121324	971427	8672872
无锡软件园 Wuxi Software Park	29293320	6388520	12189300	8525650	1394380	24128500
常州软件园 Changzhou Software Park	2398762	1763542	1580000	1550000	367827	3567219
武进软件园 Wujin Software Park	6632800	1580168	2780084	1681504	113512	5093341
苏州软件园 Suzhou Software Park	35378831	7475911	3558009	3946751	222852	4969763
如皋软件园 Rugao Software Park	257543	158436	936474	205843	137543	2653846
杭州高新软件园 Hangzhou Hi-tech Software Park	25632121	25632121	42930933	21972476	10235666	56659942

6-6 续表 continued

单位：千元 (1000 yuan)

软件产业基地 Software Industrial Base	出口总额 Export	软件出口额 Software Export	净利润 Net Profit	实际上缴税额 Taxes Submitted	减免税总额 Taxes Relief	劳动者报酬 Salary
宁波市软件与服务外包产业园 Ningbo Software Park	3812620	3765680	684000	315000	97950	1120000
合肥软件园 Hefei Software Park	115420	14520	2054902	982167	235681	862846
福州软件园 Fuzhou Software Park	22522650	6730697	4576710	2138851	835052	9336103
厦门软件园 Xiamen Software Park	4800661	4416608	16850000	4011528	482500	8752000
金庐软件园 Jinlu Software Park	716578	642186	1431751	917236	163942	1493023
齐鲁软件园 Qilu Software Park	8627905	5770456	14501998	10440167	2880048	21158807
青岛软件园 Qingdao Software Park	19982208	287003	3049886	6635506	1033522	2681454
东营软件园 Dongying Software Park			164870	89612	20205	166657
潍坊软件园 Weifang Software Park	786754	568942	1521432	645300	158200	1487511
临沂软件园 Linyi Software Park	1300	780	141712	75160	15300	141790
郑州软件园 Zhengzhou Software Park	22700	8950	832000	306420	137000	540840
湖北软件产业基地 Hubei Software Base	6968755	5922563	13193309	8702779	3610907	10632936
长沙软件园 Changsha Software Park	1205156	815624	1652398	1356987	262215	2671569
广州软件园 Guangzhou Software Park	3178154	3054521	12527411	9645412	1805142	24045774
深圳软件园 Shenzhen Software Park	31278891	24367757	66434609	16633612	8983694	50348372
珠海高新区软件园 Zhuhai Software Park	7657374	7657374	2638292	1865060	692837	7724741
南宁软件园 Nanning Software Park	289513	76266	344301	497931	15859	715715
重庆软件园 Chongqing Software Park	225634	71125	2015701	1218480	168539	3087840
天府软件园 Tianfu Software Park	83142876	10569814	34661525	11112860	5444587	31837301
贵阳火炬软件园 Guiyang Torch Software Park	49526	27265	1054562	1252536	87524	6955462
云南软件园 Yunnan Software Park	90029	7876	170704	154576	14728	242470
西安软件园 Xi'an Software Park	10112000	10112000	18915000	11663100	1037000	21648000
兰州软件园 Lanzhou Software Park	190	190	232475	112423	29836	330705

6-7 软件产业基地科技活动经费筹集情况
Science and Technology Activity Funding of Software Industrial Bases

单位：千元 (1000 yuan)

软件产业基地 Software Industrial Base	科技活动经费筹集总额 Science and Technology Activity Funding	企业资金 Enterprise Funds	金融机构贷款 Loans from Financial Institutions	政府部门资金 Government Funds	地方政府资金 Local Government Funds
合　计 Total	**324676530**	**231940500**	**31828866**	**27361249**	**17641663**
北京软件产业基地 Beijing Software Industrial Base					
中关村软件园 Zhongguancun Software Park	29600000	20000000	9000000	600000	400000
天津滨海高新区软件园 Tianjin Binhai Software Park	12184800	8724317	1498730	1961753	1333992
河北软件产业基地(石家庄) Hebei Software Base(Shijiazhuang)	1903100	1330030	330060	120500	40100
山西软件园 Shanxi Software Park	468679	234117	71284	17157	10090
内蒙古软件园 Inner Mongolia Software Park	4000			4000	4000
东大软件园 Dongda Software Park	1555242	1435085		120157	26783
沈阳软件园 Shenyang Software Park	1621088	1450986	90100	74976	22122
大连软件园 Dalian Software Park	2590318	2013580	180000	396738	396738
长春软件园 Changchun Software Park	867612	523384	60109	206211	94130
吉林软件园 Jilin Software Park	128070	83870		6950	4956
大庆软件园 Daqing Software Park	948291	817488	50914	79889	39945
上海软件园 Shanghai Software Park	26668820	13764878	1591693	5202457	3945123
江苏软件园 Jiangsu Software Park	1350000	1300000	50000		
南京软件园 Nanjing Software Park	11591972	6491505	811438	915766	622721
无锡软件园 Wuxi Software Park	18626500	12652890	3542200	2431410	1825200
常州软件园 Changzhou Software Park	1652738	1387265	198723	65342	53728
武进软件园 Wujin Software Park	1532867	1426800	6400	71700	8853
苏州软件园 Suzhou Software Park	3554727	2882511	230406	200910	71030
如皋软件园 Rugao Software Park	1260646	1073567	96466	90613	82546
杭州高新软件园 Hangzhou Hi-tech Software Park	36622359	32245612	1131892	1420150	352103

6-7 续表 continued

单位：千元　　　　(1000 yuan)

软件产业基地 Software Industrial Base	科技活动经费筹集总额 Science and Technology Activity Funding	企业资金 Enterprise Funds	金融机构贷款 Loans from Financial Institutions	政府部门资金 Government Funds	地方政府资金 Local Government Funds
宁波市软件与服务外包产业园 Ningbo Software Park	115000	11000	68500	33500	23500
合肥软件园 Hefei Software Park	2048562	1558960	205420	185230	83524
福州软件园 Fuzhou Software Park	3692160	3235670	135971	98453	68614
厦门软件园 Xiamen Software Park	12850000	11370000	1169200	254369	149800
金庐软件园 Jinlu Software Park	1504857	1071412	51588	38650	32422
齐鲁软件园 Qilu Software Park	35106079	18638739	2976369	1213172	1053006
青岛软件园 Qingdao Software Park	4796802	4123749	176487	120649	15854
东营软件园 Dongying Software Park	95257	66470	16714	11750	11750
潍坊软件园 Weifang Software Park	1424000	623000	22890	51000	14200
临沂软件园 Linyi Software Park	221600	174600	17000	30000	20000
郑州软件园 Zhengzhou Software Park	484400	415400	56000	13000	13000
湖北软件产业基地 Hubei Software Base	9756988	5566122	1089880	1922500	1228955
长沙软件园 Changsha Software Park	3425498	1785454	1045249	311563	290354
广州软件园 Guangzhou Software Park	13582467	12954211		572461	568513
深圳软件园 Shenzhen Software Park	39026214	36770775	360843	1723929	721663
珠海高新区软件园 Zhuhai Software Park	5411157	2846692	658200	173514	100000
南宁软件园 Nanning Software Park	870000	652000	52000	166000	146000
重庆软件园 Chongqing Software Park	4090880	428967	523130	1743768	871884
天府软件园 Tianfu Software Park	8158742	3763213	2822364	1573165	832651
贵阳火炬软件园 Guiyang Torch Software Park	1825484	552645	132856	475826	465642
云南软件园 Yunnan Software Park	164229	132287	22560	8002	4202
西安软件园 Xi'an Software Park	21165200	15246100	1284600	2651200	1589600
兰州软件园 Lanzhou Software Park	129125	115149	630	2869	2369

6-8 软件产业基地研发支出情况

Expenditure on R&D of Software Industrial Bases

单位：千元 (1000 yuan)

软件产业基地 Software Industrial Base	科技活动经费支出总额 Expenditure on Science and Technology Activity	研究与试验发展经费支出 Expenditure on R&D	软件研发经费支出 Expenditure on Software R&D	新产品开发经费支出 Expenditure on New Product R&D
合　计 Total	**448814392**	**256961368**	**194931195**	**116883408**
北京软件产业基地 Beijing Software Industrial Base	123013583			
中关村软件园 Zhongguancun Software Park	29600000	29600000	29600000	10000000
天津滨海高新区软件园 Tianjin Binhai Software Park	12184800	12184800	12184800	9747840
河北软件产业基地(石家庄) Hebei Software Base(Shijiazhuang)	1700300	1580600	1341200	1162520
山西软件园 Shanxi Software Park	583601	301645	274945	121126
内蒙古软件园 Inner Mongolia Software Park	10000	10000		
东大软件园 Dongda Software Park	1416713	659770	159562	181325
沈阳软件园 Shenyang Software Park	1481182	1420577	1206662	217766
大连软件园 Dalian Software Park	2319223	1855378	1484303	1187442
长春软件园 Changchun Software Park	650862	577932	509001	449012
吉林软件园 Jilin Software Park	98700	68908	38000	16750
大庆软件园 Daqing Software Park	932151	739479	615406	298892
上海软件园 Shanghai Software Park	25369430	24782910	20482349	17080734
江苏软件园 Jiangsu Software Park	1388500	1300000	950000	438500
南京软件园 Nanjing Software Park	9659977	8210981	7671158	3869221
无锡软件园 Wuxi Software Park	16025850	13696300	7259640	6121960
常州软件园 Changzhou Software Park	1623892	1387265	972635	667238
武进软件园 Wujin Software Park	427500	415300	152800	122900
苏州软件园 Suzhou Software Park	2873528	2369263	1618154	902581
如皋软件园 Rugao Software Park	1055675	664687	534647	390988
杭州高新软件园 Hangzhou Hi-tech Software Park	29854520	18657420	18365231	3552649

6-8 续表 continued

单位：千元 (1000 yuan)

软件产业基地 Software Industrial Base	科技活动经费支出总额 Expenditure on Science and Technology Activity	研究与试验发展经费支出 Expenditure on R&D	软件研发经费支出 Expenditure on Software R&D	新产品开发经费支出 Expenditure on New Product R&D
宁波市软件与服务外包产业园 Ningbo Software Park	1000000	925000	758000	228000
合肥软件园 Hefei Software Park	1852405	1452064	1256486	566444
福州软件园 Fuzhou Software Park	4087923	3525791	2209037	1748793
厦门软件园 Xiamen Software Park	9906645	9650000	5200000	3130000
金庐软件园 Jinlu Software Park	1194786	907744	762730	489398
齐鲁软件园 Qilu Software Park	33402672	21675949	16153740	10248216
青岛软件园 Qingdao Software Park	4464673	2549396	679644	637425
东营软件园 Dongying Software Park	116660	90994	59146	41994
潍坊软件园 Weifang Software Park	1226100	497000	365000	175210
临沂软件园 Linyi Software Park	200000	86200	60141	46250
郑州软件园 Zhengzhou Software Park	484400	475200	393900	272000
湖北软件产业基地 Hubei Software Base	8999014	8117929	6810277	4810850
长沙软件园 Changsha Software Park	2766230	2276912	1923649	1663557
广州软件园 Guangzhou Software Park	13564327	11784685	11055621	7756956
深圳软件园 Shenzhen Software Park	40242593	37147450	18458782	11759473
珠海高新区软件园 Zhuhai Software Park	5411157	2409540	1997654	348538
南宁软件园 Nanning Software Park	800800	570400	476100	410400
重庆软件园 Chongqing Software Park	2283753	1467671	795006	405453
天府软件园 Tianfu Software Park	25920895	9795257	8815500	8639871
贵阳火炬软件园 Guiyang Torch Software Park	522692	322126	205262	152458
云南软件园 Yunnan Software Park	151340	132991	86509	60603
西安软件园 Xi'an Software Park	27756100	20476800	10863100	6735100
兰州软件园 Lanzhou Software Park	189241	141053	125417	26975

第七部分

国家火炬特色产业基地

The Seventh Part

National Torch Specialized Industrial Bases

7-1 火炬特色产业基地主要情况

General Statistics of Torch Specialized Industrial Bases

年份 Year	统计基地数（个） Number of Torch Industrial Bases with Data (unit)	基地内企业数（个） Number of Tenant Enterprises (unit)	工业总产值（亿元） Gross Industrial Output Value (100 million yuan)	总收入（亿元） Total Income (100 million yuan)	上缴税额（亿元） Taxes Submitted (100 million yuan)	净利润（亿元） Net Profit (100 million yuan)	出口创汇（亿美元） Export (100 million USD)
2003	47	4272	3603.9	3461.5	185.1	239.2	61.2
2004	79	12050	7331.2	7181.0	362.5	465.9	154.2
2005	128	17691	11765.4	11566.2	643.4	711.6	264.3
2006	133	26563	15095.6	15003.9	806.6	938.6	347.2
2007	169	39233	21925.1	22893.4	1053.7	1348.9	578.5
2008	209	49139	29153.0	28716.0	1649.5	2006.4	792.8
2009	235	67990	37183.6	36759.2	2558.5	2712.9	836.1
2010	248	82520	47583.2	47878.5	3472.9	3659.4	1116.1
2011	288	85394	60681.6	61061.4	3606.6	4472.9	1364.6
2012	314	93128	69539.1	68648.3	3844.1	4819.8	1463.7
2013	341	102893	81647.3	76521.4	4407.7	5563.6	1560.3
2014	366	118231	88227.1	85646.0	4996.5	5874.9	1744.1
2015	384	126393	92851.4	91233.1	4889.0	6115.6	1809.5
2016	413	150555	102333.4	100003.2	5514.6	6439.4	1719.1
2017	441	163364	106473.3	104652.1	5793.6	6517.1	1752.2
2018	439	177245	109928.4	108756.8	6052.4	6872.5	1875.6

注：2018年国家火炬特色产业基地数量应为440家，其中“国家火炬开原起重机械制造特色产业基地”未报数据，该部分所有指标为439家特色产业基地的汇总数。

7-2 各地区火炬特色产业基地经济指标

Main Economic Indicators of Torch Specialized Industrial Bases by Region

地　区	Region	入统基地数（个） Number of Torch Industrial Bases with Data (unit)	基地内企业数（个） Number of Enterprises (unit)	工业总产值（千元） Gross Industrial Output Value (1000 yuan)	总收入（千元） Total Income (1000 yuan)	上缴税额（千元） Taxes Submmitted (1000 yuan)	净利润（千元） Net Profit (1000 yuan)	出口总额（千元） Export (1000 yuan)
合　计	**Total**	**439**	**177245**	**10992838206**	**10875682763**	**605244733**	**687247539**	**1241189193**
东部地区	Eastern Region	313	144160	8201763255	8329028376	462708717	569494263	1140322970
中部地区	Middle Region	63	19886	1574725635	1506183312	69569560	74562662	68332603
西部地区	Western Region	33	8977	769973595	558739699	42262681	16249823	17385380
东北地区	Northeast Region	30	4222	446375721	481731376	30703775	26940791	15148240
北　京	Beijing	1	5822	6156900	35698580	2054760	1535380	1846056
天　津	Tianjin	9	5781	95986586	127325170	7142498	11198558	8587024
河　北	Hebei	12	2088	235164768	325440248	16460620	24318392	15555070
山　西	Shanxi	8	453	29692488	29375292	2134075	1730419	1656908
内蒙古	Inner Mongolia	3	115	23783620	24735532	1288173	400238	1152000
辽　宁	Liaoning	15	2610	250255416	282400164	10929820	9149986	10773695
吉　林	Jilin	5	288	59078795	54926837	4631052	11315797	372276
黑龙江	Heilongjiang	10	1324	137041510	144404375	15142903	6475008	4002269
上　海	Shanghai	10	6047	321552466	357974142	13106421	27418870	27189052
江　苏	Jiangsu	127	25075	3746851660	3624384760	219559077	272372470	486542473
浙　江	Zhejiang	49	16329	957445187	1050361512	64553691	68594609	182454975
安　徽	Anhui	18	4250	532679005	482414109	18110039	29915719	27053762
福　建	Fujian	11	3491	118589558	110720362	3027309	9888784	13214290
江　西	Jiangxi	3	5796	75380690	70543952	1757604	3298232	3249814
山　东	Shandong	69	20276	1358014610	1366241808	72413241	89496187	88998124
河　南	Henan	13	1184	227633095	231728131	9002998	16873971	9676747
湖　北	Hubei	13	5957	366728097	367994010	17420689	13931310	17121804
湖　南	Hunan	8	2246	342612260	324127818	21144155	8813011	9573568
广　东	Guangdong	25	59251	1362001520	1330881794	64391100	64671013	315935906
广　西	Guangxi	1	9	16232142	17117476	869025	1052355	90571
海　南	Hainan							
重　庆	Chongqing	2	1667	319246026	64639384	1542641	2146461	4762525
四　川	Sichuan	3	3363	42089518	55323989	2433478	2918012	666922
贵　州	Guizhou	6	491	42645304	36997658	2324175	2110972	681623
云　南	Yunnan	5	205	31110758	38616217	1952814	2448439	1107377
西　藏	Tibet							
陕　西	Shaanxi	6	2717	173837394	173571102	13340080	3073531	6864389
甘　肃	Gansu	2	46	37889754	66980849	1213741	291415	553625
青　海	Qinghai							
宁　夏	Ningxia	2	63	10732117	10304600	350799	-215934	976475
新　疆	Xinjiang	2	260	71451338	69529350	16841235	1929069	529873
新疆兵团	Xinjiang Corps	1	41	955624	923542	106520	95265	

注：2016年报表制度进行了调整，出口的单位由千美元改为千元，后同。

7-3 各地区火炬特色产业基地人员分布情况

Personnel Distribution of Torch Specialized Industrial Bases by Region

单位：人 (person)

地区	Region	企业从业人员总数 Total Number of Employees	大专以上 College and Higher Level	博士 Doctor	硕士 Master
合计	**Total**	**11655604**	**3806414**	**28752**	**184841**
东部地区	Eastern Region	9249580	2924964	23582	149350
中部地区	Middle Region	1412633	499409	2502	19204
西部地区	Western Region	605780	214782	1745	9777
东北地区	Northeast Region	387611	167259	923	6510
北京	Beijing	45836	27501	108	1734
天津	Tianjin	133568	54452	1069	5237
河北	Hebei	304259	131630	773	5685
山西	Shanxi	39892	20297	83	1381
内蒙古	Inner Mongolia	48708	9726	43	281
辽宁	Liaoning	169566	72670	454	2989
吉林	Jilin	49666	22725	75	424
黑龙江	Heilongjiang	168379	71864	394	3097
上海	Shanghai	214906	100257	2473	13409
江苏	Jiangsu	3023588	1127015	10533	67487
浙江	Zhejiang	1315598	353361	1989	10031
安徽	Anhui	458668	166195	996	7499
福建	Fujian	280719	76155	198	1655
江西	Jiangxi	147575	13097	159	755
山东	Shandong	1609308	643405	4753	31213
河南	Henan	226631	95846	256	1330
湖北	Hubei	331172	117006	490	4575
湖南	Hunan	208695	86968	518	3664
广东	Guangdong	2321798	411188	1686	12899
广西	Guangxi	9520	4868	29	366
海南	Hainan				
重庆	Chongqing	133557	40323	96	615
四川	Sichuan	70351	24572	198	1268
贵州	Guizhou	85498	25086	74	1244
云南	Yunnan	23023	9930	146	1174
西藏	Tibet				
陕西	Shaanxi	154750	79154	1094	4427
甘肃	Gansu	21567	6283	4	123
青海	Qinghai				
宁夏	Ningxia	13665	5766	20	166
新疆	Xinjiang	38926	8707	32	101
新疆兵团	Xinjiang Corps	6215	367	9	12

7-4 计划单列市火炬特色产业基地经济指标
Main Economic Indicators of Torch Specialized Industrial Bases of the Cities Listed Independently in the State Plan

地 区	Region	入统基地数（个）Number of Torch Industrial Bases with Data (unit)	基地内企业数（个）Number of Enterprises (unit)	工业总产值（千元）Gross Industrial Output Value (1000 yuan)	总收入（千元）Total Income (1000 yuan)	上缴税额（千元）Taxes Submmitted (1000 yuan)	净利润（千元）Net Profit (1000 yuan)	出口总额（千元）Export (1000 yuan)
合 计	**Total**	**19**	**2335**	**298953690**	**325873864**	**16832211**	**23337717**	**46384396**
大 连	Dalian	4	337	71279997	71324759	3652385	4307961	4380649
宁 波	Ningbo	6	908	156020888	187208732	10110371	9973880	29673319
厦 门	Xiamen	4	39	35004017	32056003	1595774	6012101	8523238
青 岛	Qingdao	5	1051	36648788	35284370	1473681	3043775	3807190
深 圳	Shenzhen							

7-5 计划单列市火炬特色产业基地人员分布情况
Personnel Distribution of Torch Specialized Industrial Bases of the Cities Listed Independently in the State Plan

单位：人 (person)

地 区	Region	企业从业人员总数 Total Number of Employees	大专以上 College and Higher Level	博士 Doctor	硕士 Master
合 计	**Total**	**285216**	**91860**	**1055**	**7546**
大 连	Dalian	42432	17721	79	1266
宁 波	Ningbo	150589	35209	268	1755
厦 门	Xiamen	40540	13570	113	1024
青 岛	Qingdao	51655	25360	595	3501
深 圳	Shenzhen				

第八部分

创新型产业集群

The Eighth Part

Innovative Industrial Clusters

8-1　创新型产业集群主要情况

Main Statistics of Innovative Industrial Clusters

年　份 Year	统计集群数（个） Number of Clusters (unit)	集群内企业数（个） Number of Tenant Enterprises (unit)	营业收入（亿元） Operating Revenue (100 million yuan)	工业总产值（亿元） Gross Industrial Output Value (100 million yuan)	净利润（亿元） Net Profit (100 million yuan)	上缴税费（亿元） Taxes Submitted (100 million yuan)	出口创汇（亿美元） Export (100 million USD)	年末从业人员（万人） Year End Number of Employees (10000 person)
2014	71	12757	34546.8	31517.5	2902.1	1785.3	1432.8	296.0
2015	71	13322	37382.2	32457.6	2726.3	2245.8	1188.5	289.7
2016	70	13929	40429.9	33835.1	2924.3	2417.1	992.7	336.9
2017	109	20388	52233.7	43442.6	4082.2	3017.6	1210.4	392.7
2018	109	22177	55413.4	45697.7	4568.4	3262.3	1378.9	415.2

8-2 创新型产业集群主要经济指标

创新型产业集群	Innovative Industrial Clusters	入统集群数（个）Number of Clusters (unit)	企业总数（个）Number of Enterprises (unit)	高新技术企业数（个）Number of Hi-tech Enterprises (unit)
合　计	**Total**	**109**	**22177**	**9065**
东部地区	Eastern Region	59	13464	4924
中部地区	Middle Region	21	2889	1539
西部地区	Western Region	19	3121	1591
东北地区	Northeast Region	10	2703	1011
北　京	Beijing	3	868	375
天　津	Tianjin	4	640	322
河　北	Hebei	4	1260	527
山　西	Shanxi	2	117	33
内蒙古	Inner Mongolia	1	70	55
辽　宁	Liaoning	5	2343	896
吉　林	Jilin	2	275	71
黑龙江	Heilongjiang	3	85	44
上　海	Shanghai	5	875	341
江　苏	Jiangsu	12	2688	638
浙　江	Zhejiang	2	845	351
安　徽	Anhui	3	624	361
福　建	Fujian	4	901	231
江　西	Jiangxi	4	217	108
山　东	Shandong	11	1622	405
河　南	Henan	3	373	87
湖　北	Hubei	6	1197	757
湖　南	Hunan	3	361	193
广　东	Guangdong	14	3765	1734
广　西	Guangxi	2	265	168
海　南	Hainan			
重　庆	Chongqing	2	423	199
四　川	Sichuan	4	1120	792
贵　州	Guizhou	1	176	45
云　南	Yunnan	1	16	14
西　藏	Tibet			
陕　西	Shaanxi	3	734	198
甘　肃	Gansu	1	95	48
青　海	Qinghai	3	191	52
宁　夏	Ningxia			
新　疆	Xinjiang	1	31	20

Main Economic Statistics of Innovative Industrial Clusters

营业收入 （千元） Operating Revenue (1000 yuan)	出口总额 （千元） Export (1000 yuan)	净利润 （千元） Net Profit (1000 yuan)	上缴税费 （千元） Taxes Submitted (1000 yuan)	集群人员总数 （人） Total Number of Employees of Clusters (person)
5541341820	**912480892**	**456835338**	**326232867**	**4151702**
3613571288	531336450	329019266	215384613	2571597
734676979	113643384	58365456	36988322	569566
853053350	234024445	53917168	46780602	642957
340040203	33476613	15533449	27079330	367582
476465000	26642567	62247803	17752760	201709
115228337	10408781	4952281	4511066	81688
234989537	14806818	10072290	9470181	146067
137507286	85489462	10140169	7891197	35110
70102748	12517431	8058722	10548366	33862
171540575	28043443	5584176	6927806	279752
94068149	3534904	6908229	8258446	31900
74431479	1898266	3041044	11893078	55930
205549061	11076119	10711322	22273386	190698
616197206	114965023	46467370	38452729	447570
229024675	46842524	26294935	13534974	179228
165129877	10698373	17226751	7654773	144961
207278306	8837236	16049038	13820617	240328
70464537	5547408	5764959	2592843	56371
375897960	13585720	41201856	30047775	306070
32180045	1590637	2018829	4954316	55952
128089600	6305098	13351854	4156832	157023
201305634	4012406	9862894	9738361	120149
1152941206	284171661	111022372	65521124	778239
202858269	2844671	6949888	9251929	97534
84434530	6271292	5215083	3148274	64583
186115517	69235664	23983921	10051518	185325
3552826		282458	192653	7652
21377350	136056	1674009	2354324	12648
209001918	141095967	5386245	8001603	141060
13988424	206996	471546	515838	12830
48113699	194916	740943	2319876	77218
13508070	1521451	1154354	396220	10245

8-3 创新型产业集群主要科技活动成果情况

创新型产业集群	Innovative Industrial Clusters	科技活动人员合计 (人) Total number of science and technology activists (person)	企业科技经费支出合计 (千元) Total expenditure on science and technology expenses of enterprises (1000 yuan)
合　计	**Total**	**1078905**	**248756267**
东部地区	Eastern Region	736265	177536305
中部地区	Middle Region	161749	24211420
西部地区	Western Region	131724	37063820
东北地区	Northeast Region	49167	9944723
北　京	Beijing	80324	31558280
天　津	Tianjin	19879	4311205
河　北	Hebei	52886	1848470
山　西	Shanxi	996	55519
内蒙古	Inner Mongolia	2618	356891
辽　宁	Liaoning	32783	5699051
吉　林	Jilin	9391	3076049
黑龙江	Heilongjiang	6993	1169624
上　海	Shanghai	92028	20436052
江　苏	Jiangsu	81882	16573239
浙　江	Zhejiang	58071	16695983
安　徽	Anhui	40409	8083354
福　建	Fujian	65028	7210281
江　西	Jiangxi	16021	3094546
山　东	Shandong	86282	11749031
河　南	Henan	10689	686187
湖　北	Hubei	35400	5118371
湖　南	Hunan	58234	7173443
广　东	Guangdong	199885	67153764
广　西	Guangxi	17783	5981668
海　南	Hainan		
重　庆	Chongqing	12651	2811165
四　川	Sichuan	51672	14123155
贵　州	Guizhou	4522	179558
云　南	Yunnan	1574	699794
西　藏	Tibet		
陕　西	Shaanxi	33644	10811519
甘　肃	Gansu	2375	436355
青　海	Qinghai	3377	873108
宁　夏	Ningxia		
新　疆	Xinjiang	1508	790608

Main Results of Science and Technology Activities of Innovative Industrial Clusters

当年授权发明专利 (件) Number of Invention Patents Granted (piece)	拥有有效发明专利 (件) Number of Valid Invention Patents (piece)	拥有注册商标 (件) Trademark in Force (piece)	当年形成国家或行业标准 (项) National or Sector Standards Fromed (item)	认定登记的技术合同成交金额 (千元) Determining the transaction amount of the registered technical contract (1000 yuan)
27857	**193512**	**118971**	**1020**	**82158564**
19848	151448	94228	606	46536544
3693	20749	5789	84	13917169
2446	12277	15284	195	6783024
1870	9038	3670	135	14921827
2245	14512	14162	56	4730530
451	3564	1155	20	1744263
653	13839	6538	65	1012744
66	1704	151	1	4269668
165	594	164	23	3136
1694	7783	2314	80	10740073
66	474	1215	9	4158798
110	781	141	46	22956
1540	8610	8984	8	22132200
2345	11905	4387	73	1171544
1629	9112	6014	86	772706
1140	5966	815	12	1894020
1073	3547	15813	13	2444333
308	1716	500	11	701701
1326	5629	2931	57	1638393
339	2413	1377		39959
508	3087	2535	34	4255446
1332	5863	411	26	2756375
8586	80730	34244	228	10889832
286	1806	3308	28	106875
363	2524	633	27	1504960
613	2748	6148	34	2867569
19	52	32		111539
33	556	2583	20	11050
818	3109	1909	41	2113882
51	281	154	5	17002
49	308	305	4	28920
49	299	48	13	18091

8-4 创新型产业集群主要服务机构情况
Main Service Organizations of Innovative Industrial Clusters

单位：个 (unit)

创新型产业集群	Innovative Industrial Clusters	国家级科技企业孵化器（个）Number of State-level Business Incubators (unit)	国家级生产力促进中心（个）Number of State-level Productivity Promotion Center (unit)	国家技术转移机构（个）Number of State-level Technology Transfer Centers (unit)	具有国家级资质产品检验检测机构（个）Number of State-level Product Inspection and Testing Organziation (unit)	研发机构（个）Number of Research Centers (unit)	金融服务机构（个）Number of Financial services institutions (unit)	其他服务机构（个）Number of Other services institutions (unit)	产业联盟组织数（个）Numbe of Industry Alliance (unit)
合　计	**Total**	**277**	**44**	**109**	**134**	**4774**	**2072**	**1145**	**304**
东部地区	Eastern Region	142	12	54	72	2523	1142	647	148
中部地区	Middle Region	47	14	12	15	778	289	162	46
西部地区	Western Region	55	12	30	32	916	431	233	62
东北地区	Northeast Region	33	6	13	15	557	210	103	48
北　京	Beijing	11				41	13	8	13
天　津	Tianjin	9	1	2	3	134	50	31	9
河　北	Hebei	11	1	5	2	176	100	69	11
山　西	Shanxi	2				85	42	4	15
内蒙古	Inner Mongolia	3	1	2		47	12	11	4
辽　宁	Liaoning	15	4	5	3	365	117	73	44
吉　林	Jilin	17	1	8	11	141	84	24	1
黑龙江	Heilongjiang	1	1		1	51	9	6	3
上　海	Shanghai	5	1		3	72	5	15	14
江　苏	Jiangsu	26	3	7	21	402	235	96	27
浙　江	Zhejiang	10	1	8	10	360	313	184	8
安　徽	Anhui	13	5	4	6	163	25	23	7
福　建	Fujian	4		1		88	22	20	14
江　西	Jiangxi	8	1	1	3	136	51	35	4
山　东	Shandong	29	2	11	12	318	161	89	32
河　南	Henan	8	2	1	3	62	32	22	2
湖　北	Hubei	6	3	1	3	184	87	53	15
湖　南	Hunan	10	3	5		148	52	25	3
广　东	Guangdong	37	3	20	21	932	243	135	20
广　西	Guangxi	4	2	3	6	143	14	45	12
海　南	Hainan								
重　庆	Chongqing	2	1	4	5	148	34	51	4
四　川	Sichuan	10	3	10	1	91	95	33	9
贵　州	Guizhou	3	1	1	2	31	24	20	4
云　南	Yunnan	2	1	1	1	41	79	7	4
西　藏	Tibet								
陕　西	Shaanxi	20	3	9	17	336	152	55	15
甘　肃	Gansu	3				8			
青　海	Qinghai	5				60	19	8	9
宁　夏	Ningxia								
新　疆	Xinjiang	3				11	2	3	1

第九部分

全国技术市场

The Ninth Part

Technology Market in China

9-1 全国技术合同成交情况

Statistics of Technology Contract Deals in Domestic Technical Markets

年 份 Year	合同数 (项) Number of Contracts (item)	技术合同交易额 (亿元) Value of Technology Contract Deals (100 million yuan)	交易额占国内生产总值 (%) Value of Technology Contract Deals as a Percentage of Gross Domestic Product (%)
2001	229702	782.0	0.71
2002	237093	884.0	0.73
2003	267997	1084.0	0.93
2004	264638	1334.0	0.98
2005	265010	1551.0	0.85
2006	205845	1818.0	0.87
2007	220868	2226.0	0.80
2008	226343	2665.0	0.89
2009	213752	3039.0	0.91
2010	229601	3906.6	0.98
2011	256428	4763.6	1.01
2012	282242	6437.1	1.24
2013	294929	7469.1	1.31
2014	297037	8577.2	1.35
2015	307132	9835.8	1.45
2016	320437	11407.0	1.53
2017	367586	13424.2	1.62
2018	411985	17697.4	1.97

9-2 技术合同类别构成情况

Technology Contract Distribution by Category

合同类别 Category of Contract	合同数 （项） Number of Contracts (item)	合同交易额 （亿元） Value of Contract Deals (100 million yuan)	技术交易额 （亿元） Value of Technical Deals (100 million yuan)
合计 Total	**411985**	**17697.4**	**12911.5**
技术开发 Technology Development	**180431**	**5888.5**	**4891.3**
委托开发 Commissioned Development	168573	4936.3	4125.1
合作开发 Cooperated Development	11858	952.3	766.2
技术转让 Technology Transfer	**15381**	**1609.7**	**1287.6**
技术秘密转让 Technical Secrets Transfer	6048	686.8	609.8
专利实施许可转让 Patent License Transfer	2615	455.1	401.6
专利权转让 Patent Right Transfer	4542	169.2	143.3
专利申请权转让 Patent Application Right Transfer	398	13.0	12.6
计算机软件著作权转让 Computer Software Copyright Transfer	837	60.3	60.1
集成电路布图设计专有权转让 Integrated Circuit Layout Design Exclusive Right Transfer	18	0.7	0.7
植物新品种权转让 New Species of Plants Patent Right Transfer	630	7.1	7.0
生物、医药新品种权转让 New Species of Biology and Medicine Patent Right Transfer	183	24.5	22.9
设计著作权转让 Design Copyright Transfer	32	2.3	2.3
其他 Other	78	190.6	27.2
技术咨询 Technology Consultation	**29828**	**564.6**	**370.1**
技术服务 Technology Service	**186345**	**9634.6**	**6362.5**
一般性技术服务 Normal Technology Service	183910	9568.6	6329.0
技术中介 Technology Intermediary	803	32.0	10.5
技术培训 Technology Training	1632	33.9	23.0

9-3 技术合同知识产权构成情况
Technology Contract Distribution by Intellectual Property Right

知识产权 Intellectural Right	合同数 (项) Number of Contracts (item)	合同交易额 (亿元) Value of Contract Deals (100 million yuan)	技术交易额 (亿元) Value of Technical Deals (100 million yuan)
合 计 Total	**411985**	**17697.4**	**12911.5**
技术秘密 Technology Secrets	**82230**	**3492.7**	**2848.6**
专利 Patent	**16993**	**2094.5**	**1450.2**
发明专利 Invention Patent	11053	1436.3	972.9
实用新型专利 Utility Model Patent	5597	621.6	442.9
外观设计专利 Design Patent	343	36.6	34.5
计算机软件 Computer Software	**48533**	**879.3**	**831.8**
植物新品种 New Species of Plants	**1099**	**22.9**	**18.1**
集成电路布图设计 IC Layout Design	**683**	**37.8**	**37.0**
生物、医药新品种 New Species of Biology and Medicine	**2372**	**143.3**	**133.5**
设计著作权 Design Copyright	**2752**	**142.9**	**133.8**
未涉及知识产权 Others	**257323**	**10884.0**	**7458.5**

9-4 技术合同技术领域构成情况
Technology Contract Distribution by Technical Field

技术领域 Technical Field	合同数 (项) Number of Contracts (item)	合同交易额 (亿元) Value of Contract Deals (100 million yuan)	技术交易额 (亿元) Value of Technical Deals (100 million yuan)
合 计 **Total**	**411985**	**17697.4**	**12911.5**
电子信息技术 IT Technology	163812	4505.2	4136.8
航空航天技术 Aviation and Aerospace Technology	11178	408.2	381.6
先进制造技术 Advanced Manufacture Technology	42283	2490.9	1611.6
生物、医药和医疗器械技术 Biology,Medicine and Medical Machine Technology	30493	839.2	730.3
新材料及其应用 Advanced Material and Application	17693	672.4	403.5
新能源与高效节能 New Energy and Power Saving	26159	1540.1	966.4
环境保护与资源综合利用技术 Environment Protection and Resource Utilization Technology	27389	1326.9	981.4
核应用技术 Nuclear Application Technology	679	266.0	263.1
农业技术 Agriculture Technology	21677	420.8	275.4
现代交通 Modern Transportation	13256	2542.7	1565.2
城市建设与社会发展 Urban Construction and Social Development	57366	2685.0	1596.2

9-5 技术合同社会-经济目标构成情况

Technology Contract Distribution by Social and Economic Objectives

经济目标 Economic Objective	合同数 (项) Number of Contracts (item)	合同交易额 (亿元) Value of Contract Deals (100 million yuan)	技术交易额 (亿元) Value of Technical Deals (100 million yuan)
合计 **Total**	**411985**	**17697.4**	**12911.5**
地球和大气层的探索与利用 Earth and Atmosphere Exploration and Utility	837	10.5	8.6
非定向研究 Nondirective Research	19450	664.0	468.2
工商业发展 Industry Promotion	44019	2448.4	1863.1
国防 Defense	12992	390.6	361.4
环境保护、生态建设与污染防治 Environmental Protection, Ecological Building and Pollution Prevention	22902	1321.9	936.9
基础设施以及城市和农村规划 Infrastructure	23562	3029.7	1819.1
教育事业发展 Education Development	11330	107.9	101.2
民用空间探测及开发 Civil Aerospace Exploration	1898	51.9	44.2
能源的生产、分配和合理利用 Energy Production, Distribution and Application	23738	1627.6	1082.4
农林牧渔业发展 Farming,Forestry and Fishery	21932	469.0	320.7
其他民用目标 Other Civil Purpose	66401	2904.9	2184.8
社会发展和社会服务 Social Development and Social Service	143094	4171.8	3268.2
卫生事业发展 Sanitation Development	19830	499.1	452.7

9-6 技术合同计划项目构成情况

Technology Contract Distribution by Science Program Project

计划类别 Category of Science Program	合同数 (项) Number of Contracts (item)	合同交易额 (亿元) Value of Contract Deals (100 million yuan)	技术交易额 (亿元) Value of Technical Deals (100 million yuan)
合 计 Total	**411985**	**17697.4**	**12911.5**
国家计划 National Science Program	**11342**	**320.4**	**240.6**
高技术研究发展计划(863计划) Hi-Tech Research and Development Program of China	791	28.4	26.4
国际科技合作计划 International S&T Cooperation Program	27	2.4	2.3
国际热核聚变实验堆(ITER)计划专项 ITER Program	3	0.0	0.0
国家科技支撑计划 Key Technologies R&D Program	167	5.9	5.6
国家科技重大专项 National S&T Major Program	425	88.7	54.4
国家农业科技成果转化资金 Agriculture Science and Technology Achievement Transform Fund	25	0.3	0.2
国家软科学研究计划 National Soft Science Research Program	3	0.0	0.0
国家重点新产品计划 National New Product Program	154	12.0	10.1
火炬计划 Torch Program	35	0.9	0.9
基础研究计划(973计划)和国家重大科学研究计划 National Basic Research Program and National Major Scientific Research Program of China	286	15.0	9.6
科技富民强县专项行动计划 S&T Program for County and Farmer Enrichment	4	0.3	0.0
科技惠民计划 S&T Program for Public Wellbeing	8	2.7	2.5
科技基础条件平台建设 S&T Infrastructure Program	29	0.3	0.3
科技型中小企业技术创新基金 Innovation Fund for Technology-Based Small and Medium Size Enterprises	309	6.6	3.8
科研院所技术开发研究专项资金 Special Technology Development Project for Research Institutions	39	0.4	0.4
其他 Other	3642	127.2	95.9
星火计划 Spark Program	2	0.1	0.1
自然科学基金 Natural Science Fund	5393	29.2	27.9
部门计划 Science Program at Ministerial Level	**6300**	**245.0**	**172.0**
省、自治区、直辖市及计划单列市计划 Provincial Level Science Program	**19365**	**1239.9**	**667.1**
地市县计划 Region Level Science Program	**18806**	**923.7**	**551.9**
计划外 Others not Supported by Program	**356172**	**14968.5**	**11280.0**

9-7 卖方机构构成及交易情况
Technology Contract Distribution by Technology Seller

卖方类别 Category of Technology Seller	机构数（个） Number of Seller (unit)	合同数（项） Number of Contracts (item)	成交金额（亿元） Value of Contract Deals (100 million yuan)	技术交易额（亿元） Value of Technical Deals (100 million yuan)
合 计 **Total**	**45685**	**411985**	**17697.4**	**12911.5**
机关法人 **Governments**	**319**	**1839**	**165.4**	**105.8**
事业法人 **Public Organizations**	**2799**	**123259**	**1393.2**	**1171.3**
科研机构 Research Institutes	1387	41120	828.3	676.1
高等院校 Higher Education	789	76027	453.2	415.5
医疗、卫生 Medical and Sanitation	168	2431	18.4	17.5
其它 Other	455	3681	93.3	62.2
社团法人 **Social Organization**	**158**	**930**	**62.5**	**60.8**
企业法人 **Enterprises**	**41658**	**283049**	**15978.0**	**11497.1**
内资企业 Domestic Funded Enterprises	38451	265437	14017.4	9735.6
港澳台商投资企业 Enterprises with Funds from Hongkong,Macao and Taiwan	469	3792	341.5	323.0
外商投资企业 Foreign Funded Enterprises	1165	9705	1076.3	1029.7
个体经营 Private Enterprises	671	2067	67.2	45.0
境外企业 Overseas Enterprises	902	2048	475.7	363.8
自然人 **Natural Person**	**493**	**936**	**33.1**	**29.9**
其他组织 **Other Organizations**	**258**	**1972**	**65.3**	**46.7**

9-8 买方机构构成及交易情况
Technology Contract Distribution by Technology Buyer

买方类别 Category of Technology Buyer	合同数 (项) Number of Contracts (item)	合同交易额 (亿元) Value of Contract Deals (100 million yuan)	技术交易额 (亿元) Value of Technical Deals (100 million yuan)
合计 **Total**	**411985**	**17697.4**	**12911.5**
机关法人 **Governments**	**50554**	**2314.5**	**1277.1**
事业法人 **Public Organizations**	**63465**	**1128.3**	**919.1**
科研机构 Research Institutes	25736	450.9	410.7
高等院校 Higher Education	12880	83.7	73.0
医疗卫生 Medical and Sanitation	4765	22.8	20.1
其它 Other	20084	570.8	415.3
社团法人 **Social Organizations**	**1906**	**48.5**	**47.5**
企业法人 **Enterprises**	**287778**	**13893.0**	**10443.5**
内资企业 Domestic Funded Enterprises	255992	11216.5	8072.5
港澳台商投资企业 Enterprises with Funds from Hongkong,Macao and Taiwan	3280	313.1	268.5
外商投资企业 Foreign Funded Enterprises	10674	806.4	660.2
个体经营 Private Enterprises	9362	69.9	53.9
境外企业 Overseas Enterprises	8470	1487.2	1388.5
自然人 **Natural Person**	**3868**	**58.2**	**37.5**
其他组织 **Other Organizations**	**4414**	**255.0**	**186.7**

9-9 重大技术合同构成情况
Key Technology Contract Composition

构成 Composition	合同数 (项) Number of Contracts (item)	成交金额 (亿元) Value of Contract Deals (100 million yuan)
一、合同类别 **Category of Contracts**		
合 计 **Total**	**17236**	**13891.6**
技术服务 Technology Service	8427	8012.0
技术开发 Technology Development	6490	4078.1
技术转让 Technology Transfer	1613	1425.6
技术咨询 Technology Consultation	706	375.8
二、技术领域 **Technical Field**		
合 计 **Total**	**17236**	**13891.6**
电子信息技术 IT Technology	4438	3184.1
先进制造技术 Advanced Manufacture	3052	1882.6
新能源与高效节能 New Energy and Energy Saving	1530	1263.8
现代交通 Modern Transportation	1536	2412.2
环境保护与资源综合利用技术 Environment Protection and Resource Comprehensive Utilization	1059	1135.6
新材料及其应用 Advanced Material and Application	993	485.1
生物、医药和医疗器械技术 Biology,Medicine and Medical Machine	1136	559.5
城市建设与社会发展 Urban construction and Social Development	2207	2216.7
农业技术 Agriculture Technology	735	225.3
航空航天技术 Aviation and Aerospace Technology	513	266.2
核应用技术 Nuclear Application Technology	37	260.5
三、知识产权 **Intellectual Right**		
合 计 **Total**	**17236**	**13891.6**
技术秘密 Technology Secrets	3431	2584.9
专利 Patents	1990	1906.6
计算机软件 Computer Software	1052	424.6
植物新品种 New Species of Plants and Animals	41	11.0
集成电路布图设计 IC Layout Design	44	29.2
生物、医药新品种 New Species of Biology and Medical	192	106.8
设计著作权 Design Copyright	125	116.0
未涉及知识产权 Other	10361	8712.5

9-10 各省、自治区、直辖市技术合同登记情况
Technology Contract Distribution by Region

地　区	Region	合同数 (项) Number of Contracts (item)	成交金额 (亿元) Value of Contract Deals (100 million yuan)	排名 Ranking
合　计	**Total**	**411985**	**17697.4**	
北　京	Beijing	82486	4957.8	1
天　津	Tianjin	11315	725.3	9
河　北	Hebei	6256	279.8	15
山　西	Shanxi	1041	151.1	20
内蒙古	Inner Mongolia	821	22.2	27
辽　宁	Liaoning	17715	499.8	11
吉　林	Jilin	4252	341.9	12
黑龙江	Heilongjiang	3405	170.1	19
上　海	Shanghai	21630	1303.2	3
江　苏	Jiangsu	42703	1152.6	5
浙　江	Zhejiang	16189	629.1	10
安　徽	Anhui	20364	322.6	13
福　建	Fujian	7753	110.9	23
江　西	Jiangxi	3024	115.8	22
山　东	Shandong	34554	856.9	8
河　南	Henan	7298	149.7	21
湖　北	Hubei	28835	1237.2	4
湖　南	Hunan	6044	281.7	14
广　东	Guangdong	23930	1387.0	2
广　西	Guangxi	2148	61.4	26
海　南	Hainan	373	6.9	29
重　庆	Chongqing	2988	266.2	16
四　川	Sichuan	15192	1004.2	7
贵　州	Guizhou	2812	171.4	18
云　南	Yunnan	3688	89.6	24
西　藏	Tibet	3	0.0	31
陕　西	Shaanxi	37952	1125.3	6
甘　肃	Gansu	5072	180.9	17
青　海	Qinghai	1071	79.4	25
宁　夏	Ningxia	618	12.1	28
新　疆	Xinjiang	453	5.2	30

9-11 各省、自治区、直辖市技术交易情况
Technology Trade Statistics by Region

地　区	Region	输出技术 Technology Output		吸纳技术 Technology Adoption	
		合同数（项） Number of Contracts (item)	成交金额（亿元） Value of Contract Deals (100 million yuan)	合同数（项） Number of Contracts (item)	成交金额（亿元） Value of Contract Deals (100 million yuan)
合　计	**Total**	**411985**	**17697.4**	**411985**	**17697.4**
北　京	Beijing	82486	4957.8	61213	2247.2
天　津	Tianjin	11214	685.6	9309	347.6
河　北	Hebei	6240	276.0	10572	495.6
山　西	Shanxi	1046	150.8	4015	251.1
内蒙古	Inner Mongolia	814	19.8	5983	226.9
辽　宁	Liaoning	17362	474.5	14546	273.2
吉　林	Jilin	4254	341.9	5066	431.9
黑龙江	Heilongjiang	3399	165.9	4788	160.7
上　海	Shanghai	21311	1225.2	24538	828.2
江　苏	Jiangsu	42227	991.4	39192	1438.6
浙　江	Zhejiang	16142	590.7	21272	717.7
安　徽	Anhui	20347	321.3	20132	354.5
福　建	Fujian	7638	84.5	8723	303.0
江　西	Jiangxi	3025	115.8	4503	242.8
山　东	Shandong	34255	820.0	32698	938.7
河　南	Henan	7289	149.3	9084	372.5
湖　北	Hubei	28399	1204.1	17206	828.5
湖　南	Hunan	6047	281.6	6456	194.7
广　东	Guangdong	23700	1365.4	36845	1847.1
广　西	Guangxi	2149	61.4	4106	192.2
海　南	Hainan	373	6.9	1598	79.2
重　庆	Chongqing	2911	188.4	5047	517.9
四　川	Sichuan	15156	996.7	14751	588.6
贵　州	Guizhou	2813	171.1	5408	513.3
云　南	Yunnan	3684	89.5	6196	327.8
西　藏	Tibet	3	0.0	760	72.5
陕　西	Shaanxi	37954	1125.3	19353	591.4
甘　肃	Gansu	5072	180.9	5788	183.4
青　海	Qinghai	1071	79.4	2134	76.3
宁　夏	Ningxia	617	12.1	1852	96.4
新　疆	Xinjiang	452	3.9	3467	150.2
香　港	Hongkong	87	12.6	1009	262.6
台　湾	Taiwan	120	4.7	154	6.2
澳　门	Macao	9		66	87.2
国　外	Overseas	2319	542.8	4155	1451.7

9-12 计划单列市技术交易情况

Technology Trade Statistics of the Cities Listed Independently in the State Plan

地区	Region	输出技术 Technology Output			吸纳技术 Technology Adoption		
		合同数（项） Number of Contracts (item)	成交金额（亿元） Value of Contract Deals (100 million yuan)	排名 Ranking	合同数（项） Number of Contracts (item)	成交金额（亿元） Value of Contract Deals (100 million yuan)	排名 Ranking
合　计	**Total**	**31836**	**991.3**		**36655**	**1338.9**	
大　连	Dalian	7703	151.5	2	6806	72.5	5
宁　波	Ningbo	2418	70.8	4	3372	92.6	4
厦　门	Xiamen	4512	47.3	5	3719	94.1	3
青　岛	Qingdao	7426	145.1	3	5268	156.9	2
深　圳	Shenzhen	9777	576.7	1	17490	922.8	1

9-13 副省级城市技术交易情况

Technology Trade Statistics of the Deputy Provincial Level Cities

地区	Region	输出技术 Technology Output			吸纳技术 Technology Adoption		
		合同数（项） Number of Contracts (item)	成交金额（亿元） Value of Contract Deals (100 million yuan)	排名 Ranking	合同数（项） Number of Contracts (item)	成交金额（亿元） Value of Contract Deals (100 million yuan)	排名 Ranking
合　计	**Total**	**137584**	**4858.2**		**87206**	**3200.4**	
沈　阳	Shenyang	8090	255.2	7	4779	112.3	9
长　春	Changchun	3361	332.7	6	3571	344.4	6
哈尔滨	Harbin	3106	151.5	9	3329	88.3	10
南　京	Nanjing	25929	400.3	5	15295	452.3	2
杭　州	Hangzhou	9571	207.1	8	9004	258.6	7
武　汉	Wuhan	17522	702.0	4	10092	531.4	1
济　南	Jinan	9024	130.7	10	6791	183.8	8
广　州	Guangzhou	12058	703.7	3	10323	444.3	3
成　都	Chengdu	12887	946.7	2	9660	408.4	4
西　安	Xi'an	36036	1028.3	1	14362	376.8	5

9-14 东部地区技术交易情况
Technology Trade Statistics of the Eastern Region

地区	Region	输出技术 Technology Output			吸纳技术 Technology Adoption		
		合同数（项）Number of Contracts (item)	成交金额（亿元）Value of Contract Deals (100 million yuan)	排名 Ranking	合同数（项）Number of Contracts (item)	成交金额（亿元）Value of Contract Deals (100 million yuan)	排名 Ranking
合计	**Total**	**245586**	**11003.5**		**245960**	**9242.9**	
北京	Beijing	82486	4957.8	1	61213	2247.2	1
天津	Tianjin	11214	685.6	6	9309	347.6	8
河北	Hebei	6240	276.0	8	10572	495.6	7
上海	Shanghai	21311	1225.2	3	24538	828.2	5
江苏	Jiangsu	42227	991.4	4	39192	1438.6	3
浙江	Zhejiang	16142	590.7	7	21272	717.7	6
福建	Fujian	7638	84.5	9	8723	303.0	9
山东	Shandong	34255	820.0	5	32698	938.7	4
广东	Guangdong	23700	1365.4	2	36845	1847.1	2
海南	Hainan	373	6.9	10	1598	79.2	10

9-15 中部地区技术交易情况
Technology Trade Statistics of the Middle Region

地区	Region	输出技术 Technology Output			吸纳技术 Technology Adoption		
		合同数（项）Number of Contracts (item)	成交金额（亿元）Value of Contract Deals (100 million yuan)	排名 Ranking	合同数（项）Number of Contracts (item)	成交金额（亿元）Value of Contract Deals (100 million yuan)	排名 Ranking
合计	**Total**	**66153**	**2222.9**		**61396**	**2243.9**	
湖北	Hubei	28399	1204.1	1	17206	828.5	1
安徽	Anhui	20347	321.3	2	20132	354.5	3
湖南	Hunan	6047	281.6	3	6456	194.7	6
河南	Henan	7289	149.3	5	9084	372.5	2
江西	Jiangxi	3025	115.8	6	4503	242.8	5
山西	Shanxi	1046	150.8	4	4015	251.1	4

9-16 西部地区技术交易情况
Technology Trade Statistics of the Western Region

地区	Region	输出技术 Technology Output			吸纳技术 Technology Adoption		
		合同数（项） Number of Contracts (item)	成交金额（亿元） Value of Contract Deals (100 million yuan)	排名 Ranking	合同数（项） Number of Contracts (item)	成交金额（亿元） Value of Contract Deals (100 million yuan)	排名 Ranking
合计	**Total**	**72696**	**2928.5**		**74845**	**3537.0**	
重庆	Chongqing	2911	188.4	3	5047	517.9	3
内蒙古	Inner Mongolia	814	19.8	9	5983	226.9	6
四川	Sichuan	15156	996.7	2	14751	588.6	2
陕西	Shaanxi	37954	1125.3	1	19353	591.4	1
云南	Yunnan	3684	89.5	6	6196	327.8	5
甘肃	Gansu	5072	180.9	4	5788	183.4	8
新疆	Xinjiang	452	3.9	11	3467	150.2	9
青海	Qinghai	1071	79.4	7	2134	76.3	11
贵州	Guizhou	2813	171.1	5	5408	513.3	4
广西	Guangxi	2149	61.4	8	4106	192.2	7
宁夏	Ningxia	617	12.1	10	1852	96.4	10
西藏	Xizang	3	0.0	12	760	72.5	12

9-17 东北地区技术交易情况
Technology Trade Statistics of the Northeast Region

地区	Region	输出技术 Technology Output			吸纳技术 Technology Adoption		
		合同数（项） Number of Contracts (item)	成交金额（亿元） Value of Contract Deals (100 million yuan)	排名 Ranking	合同数（项） Number of Contracts (item)	成交金额（亿元） Value of Contract Deals (100 million yuan)	排名 Ranking
合计	**Total**	**25015**	**982.4**		**24400**	**865.8**	
辽宁	Liaoning	17362	474.5	1	14546	273.2	2
黑龙江	Heilongjiang	3399	165.9	3	4788	160.7	3
吉林	Jilin	4254	341.9	2	5066	431.9	1

9-18 环渤海地区技术交易情况
Technology Trade Statistics of the Bohai Sea Rim Region

地 区	Region	输出技术 Technology Output			吸纳技术 Technology Adoption		
		合同数(项) Number of Contracts (item)	成交金额(亿元) Value of Contract Deals (100 million yuan)	排名 Ranking	合同数(项) Number of Contracts (item)	成交金额(亿元) Value of Contract Deals (100 million yuan)	排名 Ranking
合 计	**Total**	**153417**	**7384.4**		**138336**	**4780.2**	
北 京	Beijing	82486	4957.8	1	61213	2247.2	1
辽 宁	Liaoning	17362	474.5	4	14546	273.2	5
天 津	Tianjin	11214	685.6	3	9309	347.6	4
山 东	Shandong	34255	820.0	2	32698	938.7	2
内蒙古	Inner Mongolia	814	19.8	7	5983	226.9	7
河 北	Hebei	6240	276.0	5	10572	495.6	3
山 西	Shanxi	1046	150.8	6	4015	251.1	6

9-19 长三角地区技术交易情况
Technology Trade Statistics of the Yangzi River Delta Region

地 区	Region	输出技术 Technology Output			吸纳技术 Technology Adoption		
		合同数(项) Number of Contracts (item)	成交金额(亿元) Value of Contract Deals (100 million yuan)	排名 Ranking	合同数(项) Number of Contracts (item)	成交金额(亿元) Value of Contract Deals (100 million yuan)	排名 Ranking
合 计	**Total**	**79680**	**2807.3**		**85002**	**2984.5**	
上 海	Shanghai	21311	1225.2	1	24538	828.2	2
江 苏	Jiangsu	42227	991.4	2	39192	1438.6	1
浙 江	Zhejiang	16142	590.7	3	21272	717.7	3

9-20 珠三角地区技术交易情况
Technology Trade Statistics of the Pearl River Delta Region

地 区	Region	输出技术 Technology Output			吸纳技术 Technology Adoption		
		合同数(项) Number of Contracts (item)	成交金额(亿元) Value of Contract Deals (100 million yuan)	排名 Ranking	合同数(项) Number of Contracts (item)	成交金额(亿元) Value of Contract Deals (100 million yuan)	排名 Ranking
合 计	**Total**	**23796**	**1378.1**		**37920**	**2197.0**	
广 东	Guangdong	23700	1365.4	1	36845	1847.1	1
香 港	Hongkong	87	12.6	2	1009	262.6	2
澳 门	Macao	9	0.0	3	66	87.2	3

9-21 各地区国家技术转移机构法人构成情况

Distribution of Organization Type of National Technology Transfer Centers By Region

地区	Region	机构总数（个）Number of National Technology Transfer Centers (unit)	企业法人（个）Number of Enterprises (unit)	事业法人（个）Number of Public Organizations (unit)	社团法人（个）Number of Social Organizations (unit)	民办非企业（个）Number of private non-enterprise organization (unit)	内设机构（个）Number of Internal Organs (unit)
合　计	**Total**	**453**	**154**	**125**	**3**	**15**	**156**
东部地区	Eastern Region	258	93	60	2	9	94
中部地区	Middle Region	60	21	20		1	18
西部地区	Western Region	97	31	36	1	5	24
东北地区	Northeast Region	38	9	9			20
北　京	Beijing	58	28	9		2	19
天　津	Tianjin	11	2	5			4
河　北	Hebei	13	3	3			7
山　西	Shanxi	6	1	4			1
内蒙古	Inner Mongolia	4	2			1	1
辽　宁	Liaoning	17	7	1			9
吉　林	Jiling	10	1	4			5
黑龙江	Heilongjiang	11	1	4			6
上　海	Shanghai	26	8	6	2		10
江　苏	Jiangsu	45	9	9			27
浙　江	Zhejiang	27	12	7		1	7
安　徽	Anhui	13	3	7			3
福　建	Fujian	11	5	2			4
江　西	Jiangxi	5	4				1
山　东	Shandong	32	17	6		2	7
河　南	Henan	7	4	3			
湖　北	Hubei	20	4	5		1	10
湖　南	Hunan	9	5	1			3
广　东	Guangdong	34	8	13		4	9
广　西	Guangxi	8	2	4		1	1
海　南	Hainan	1	1				
重　庆	Chongqing	8	1	5	1		1
四　川	Sichuan	22	7	5		3	7
贵　州	Guizhou	2	1				1
云　南	Yunnan	9	2	5			2
陕　西	Shaanxi	21	8	9			4
甘　肃	Gansu	9	5	3			1
青　海	Qinghai	3	1	2			
宁　夏	Ningxia	1					1
新　疆	Xinjiang	7	1	1			5
新疆兵团	Xinjiang Corps	3	1	2			

注：此统计数据包含5个计划单列市。2018年，国家技术转移机构总数453家，其中上报统计数据443家，后表所列人员、促成技术转移和服务相关指标为443家机构的数据。西藏无国家技术转移机构，后同。

9-22 各地区国家技术转移机构人员构成情况

Personnel Statistics of National Technology Transfer Centers By Region

单位：人 (person)

地区	Region	总人数 Total Number of Employees	大学本科及以上 With University Education and Above	中级职称及以上 With Mid-level Professional Titles and Above	技术经纪人 Number of Private Non-enterprise Organization
合计	**Total**	**44164**	**34511**	**23733**	**4396**
东部地区	Eastern Region	28499	21388	13224	3162
中部地区	Middle Region	2926	2394	1638	334
西部地区	Western Region	10765	9016	7377	678
东北地区	Northeast Region	1974	1713	1494	222
北京	Beijing	6031	4456	2919	344
天津	Tianjin	623	462	370	137
河北	Hebei	495	454	419	71
山西	Shanxi	113	104	62	21
内蒙古	Inner Mongolia	85	66	44	18
辽宁	Liaoning	934	837	770	93
吉林	Jiling	554	474	410	50
黑龙江	Heilongjiang	486	402	314	79
上海	Shanghai	4079	2526	1431	285
江苏	Jiangsu	6649	6050	4125	687
浙江	Zhejiang	3544	2505	1063	850
安徽	Anhui	465	403	312	105
福建	Fujian	280	249	108	109
江西	Jiangxi	211	180	119	8
山东	Shandong	2607	2020	1589	245
河南	Henan	232	209	149	54
湖北	Hubei	1740	1346	909	103
湖南	Hunan	165	152	87	43
广东	Guangdong	4191	2666	1200	434
广西	Guangxi	864	464	462	33
海南	Hainan				
重庆	Chongqing	1123	980	847	64
四川	Sichuan	1262	1053	734	164
贵州	Guizhou	42	37	35	7
云南	Yunnan	455	374	305	29
陕西	Shaanxi	4195	3783	3040	249
甘肃	Gansu	1100	894	719	41
青海	Qinghai	312	259	239	57
宁夏	Ningxia	10	9	6	
新疆	Xinjiang	1242	1038	900	13
新疆兵团	Xinjiang Corps	75	59	46	3

统计说明：
此统计数据包含5个计划单列市
东部地区：北京市、天津市、河北省、上海市、江苏省、浙江省、福建省、山东省、广东省、海南省
东北地区：辽宁省、吉林省、黑龙江省
中部地区：山西省、安徽省、江西省、河南省、湖北省、湖南省
西部地区：内蒙古自治区、广西壮族自治区、重庆市、四川省、贵州省、云南省、西藏自治区、陕西省、甘肃省、青海省、宁夏回族自治区、新疆维吾尔自治区(新疆+新疆兵团)

9-23 各地区国家技术转移机构促成技术转移情况

Technology Transfer Promotion Statistics of National Technology Transfer Centers By Region

单位：项 (item)

地 区	Region	促成项目成交总数 Total Number of Projects Traded	战略性新兴产业项目成交数量 Number of Strategic Emerging Industry Projects	公共财政项目成交数量 Number of Public Financed Projects	国际技术转移项目成交数量 Number of International Technology Transfer Projects	重大技术转移项目成交数量 Number of Key Technology Transfer Projects
合 计	**Total**	**124281**	**50189**	**23662**	**2864**	**2506**
东部地区	Eastern Region	75227	34053	15234	2007	1599
中部地区	Middle Region	15349	8358	2666	169	496
西部地区	Western Region	27071	5618	4567	541	299
东北地区	Northeast Region	6634	2160	1195	147	112
北 京	Beijing	17723	6905	3141	755	471
天 津	Tianjin	5243	1353	1375	63	63
河 北	Hebei	2831	1160	1179	13	6
山 西	Shanxi	672	172	31		63
内蒙古	Inner Mongolia	104	95	23		1
辽 宁	Liaoning	3357	1283	505	32	90
吉 林	Jiling	2498	494	453	71	12
黑龙江	Heilongjiang	779	383	237	44	10
上 海	Shanghai	6894	3392	862	753	285
江 苏	Jiangsu	23367	11547	5829	210	189
浙 江	Zhejiang	5433	2826	402	109	148
安 徽	Anhui	3811	2061	769	17	39
福 建	Fujian	1310	838	692	6	144
江 西	Jiangxi	690	338	64		
山 东	Shandong	8497	5077	1336	65	255
河 南	Henan	432	229	77	6	12
湖 北	Hubei	8109	4851	1590	123	324
湖 南	Hunan	1635	707	135	23	58
广 东	Guangdong	3929	955	418	33	38
广 西	Guangxi	4064	135	194	2	3
海 南	Hainan					
重 庆	Chongqing	1365	367	256	7	26
四 川	Sichuan	4890	2188	608	60	182
贵 州	Guizhou	202	47	83		
云 南	Yunnan	3017	1332	1366	344	4
陕 西	Shaanxi	11268	1075	1749	90	72
甘 肃	Gansu	1290	142	55	2	
青 海	Qinghai	263	184	79		1
宁 夏	Ningxia					
新 疆	Xinjiang	499	38	118	36	8
新疆兵团	Xinjiang Corps	109	15	36		2

统计说明：
此统计数据包含5个计划单列市
东部地区：北京市、天津市、河北省、上海市、江苏省、浙江省、福建省、山东省、广东省、海南省
东北地区：辽宁省、吉林省、黑龙江省
中部地区：山西省、安徽省、江西省、河南省、湖北省、湖南省
西部地区：内蒙古自治区、广西壮族自治区、重庆市、四川省、贵州省、云南省、西藏自治区、陕西省、甘肃省、青海省、宁夏回族自治区、新疆维吾尔自治区(新疆+新疆兵团)

9-23 续表 Continued

单位：千元 (1000yuan)

地 区	Region	促成项目成交总金额 Total Transaction Value of Projects Traded	战略性新兴产业项目成交金额 Transaction Value of Strategic Emerging Industry Projects	公共财政项目成交金额 Transaction Value of Public Financed Projects	国际技术转移项目成交金额 Transaction Value of International Technology Transfer Projects	重大技术转移项目成交金额 Transaction Value of Key Technology Transfer Projects
合 计	**Total**	**213334003**	**106308988**	**24167488**	**11291363**	**100933943**
东部地区	Eastern Region	116142970	67728403	8998126	4834868	58002010
中部地区	Middle Region	48872002	20238316	1339208	679179	29236356
西部地区	Western Region	42086319	16022281	12335769	5672603	12808686
东北地区	Northeast Region	6232713	2319988	1494386	104714	886891
北 京	Beijing	38670221	22677523	2711181	1252858	30024414
天 津	Tianjin	4746665	1614081	649521	85342	1511782
河 北	Hebei	1935080	1561421	252375	723	59658
山 西	Shanxi	1296421	645711	152000		591780
内蒙古	Inner Mongolia	320323	287745	22500		27900
辽 宁	Liaoning	1729950	805116	346816	52710	581062
吉 林	Jiling	1461151	143736	219494	19395	163820
黑龙江	Heilongjiang	3041612	1371137	928075	32609	142010
上 海	Shanghai	36541401	18791958	865143	1754523	17285220
江 苏	Jiangsu	11089570	6616419	1884732	558436	1575390
浙 江	Zhejiang	4677776	3308986	209427	114951	1441092
安 徽	Anhui	2103484	1327904	296661	106878	474358
福 建	Fujian	2023547	1775376	599797	8021	1586600
江 西	Jiangxi	277529	195798	33540		
山 东	Shandong	12060337	7458222	1268894	958445	4061101
河 南	Henan	430607	273802	177250	23124	112816
湖 北	Hubei	43226556	16903459	547745	521429	27427009
湖 南	Hunan	1537405	891642	132011	27749	630393
广 东	Guangdong	4398374	3924416	557057	101570	456752
广 西	Guangxi	2732838	137208	222660	50000	88000
海 南	Hainan					
重 庆	Chongqing	757682	144580	211789	16684	89190
四 川	Sichuan	11477174	1831594	543479	456835	1127639
贵 州	Guizhou	113438	18515	31118		
云 南	Yunnan	955406	452829	459428	61848	38050
陕 西	Shaanxi	24834303	12955585	10704295	5071883	11307422
甘 肃	Gansu	218903	58279	17690		
青 海	Qinghai	170550	80893	89007		650
宁 夏	Ningxia					
新 疆	Xinjiang	262980	38952	23084	15353	57455
新疆兵团	Xinjiang Corps	242720	16100	10720		72380

9-24 各地区国家技术转移机构服务情况
Service Statistics of National Technology Transfer Centers By Region

地区	Region	组织交易活动（次） Number of Trading Activities Organized (item)	组织技术转移培训（次） Number of Technology Transfer Training Organized (item)	服务企业数量（家） Number of Served Enterprises (unit)	解决企业需求（项） Number of Solved Business Needs (item)
合计	**Total**	**16123**	**421675**	**371592**	**204777**
东部地区	Eastern Region	11160	247787	241487	121766
中部地区	Middle Region	1361	64909	48121	19552
西部地区	Western Region	2707	87993	73309	55988
东北地区	Northeast Region	895	20986	8675	7471
北京	Beijing	1755	49552	35279	16650
天津	Tianjin	473	3374	5205	2950
河北	Hebei	785	17206	3683	1853
山西	Shanxi	39	2538	916	738
内蒙古	Inner Mongolia	58	1380	760	71
辽宁	Liaoning	484	3050	2561	2825
吉林	Jiling	222	5193	3047	2107
黑龙江	Heilongjiang	189	12743	3067	2539
上海	Shanghai	797	12608	21036	37935
江苏	Jiangsu	3462	61077	42275	31787
浙江	Zhejiang	1319	23465	23392	11362
安徽	Anhui	413	26397	24511	2100
福建	Fujian	246	4235	70718	4090
江西	Jiangxi	50	2269	3969	2969
山东	Shandong	1364	59437	17306	10840
河南	Henan	256	9682	4030	1802
湖北	Hubei	514	18749	10702	8716
湖南	Hunan	89	5274	3993	3227
广东	Guangdong	959	16833	22593	4299
广西	Guangxi	230	19250	6182	3412
海南	Hainan				
重庆	Chongqing	347	32356	10822	4332
四川	Sichuan	609	20402	13810	9861
贵州	Guizhou	35	448	844	509
云南	Yunnan	113	818	3520	2811
陕西	Shaanxi	1035	5298	14578	28898
甘肃	Gansu	53	2081	2968	5392
青海	Qinghai	99	2340	634	216
宁夏	Ningxia				
新疆	Xinjiang	124	3067	18774	308
新疆兵团	Xinjiang Corps	4	553	417	178

统计说明：
此统计数据包含5个计划单列市
东部地区：北京市、天津市、河北省、上海市、江苏省、浙江省、福建省、山东省、广东省、海南省
东北地区：辽宁省、吉林省、黑龙江省
中部地区：山西省、安徽省、江西省、河南省、湖北省、湖南省
西部地区：内蒙古自治区、广西壮族自治区、重庆市、四川省、贵州省、云南省、西藏自治区、陕西省、甘肃省、青海省、宁夏回族自治区、新疆维吾尔自治区(新疆+新疆兵团)

9-25 计划单列市国家技术转移机构法人构成情况
Distribution of Organization Type of National Technology Transfer Centers of the Cities Listed Independently in the State Plan

城　市	City	机构总数（个）Number of National Technology Transfer Centers (unit)	企业法人（个）Number of Enterprises (unit)	事业法人（个）Number of Public Organizations (unit)	社团法人（个）Number of Social Organizations (unit)	民办非企业（个）Number of private non-enterprise organization (unit)	内设机构（个）Number of Internal Organs (unit)
合　计	**Total**	**41**	**25**	**5**		**2**	**9**
大　连	Dalian	6	4				2
宁　波	Ningbo	6	3	1			2
厦　门	Xiamen	3	2				1
青　岛	Qingdao	13	11	1			1
深　圳	Shenzhen	13	5	3		2	3

9-26 计划单列市国家技术转移机构人员构成情况
Personnel Statistics of National Technology Transfer Centers of the Cities Listed Independently in the State Plan

单位：人 (person)

城　市	City	总人数 Total Number of Employees	大学本科及以上 With University Education and Above	中级职称及以上 With Mid-level Professional Titles and Above	技术经纪人 Number of private non-enterprise organization
合　计	**Total**	**1611**	**1429**	**941**	**270**
大　连	Dalian	371	305	303	15
宁　波	Ningbo	277	263	164	69
厦　门	Xiamen	125	111	14	17
青　岛	Qingdao	492	468	353	136
深　圳	Shenzhen	346	282	107	33

9-27 计划单列市国家技术转移机构促成技术转移情况

Technology Transfer Promotion Statistics of National Technology Transfer Centers of the Cities Listed Independently in the State Plan

单位：项 (item)

城市	City	促成项目成交总数 Total Number of Projects Traded	战略性新兴产业项目成交数量 Number of Strategic Emerging Industry Projects	公共财政项目成交数量 Number of Public Financed Projects	国际技术转移项目成交数量 Number of International Technology Transfer Projects	重大技术转移项目成交数量 Number of Key Technology Transfer Projects
合 计	**Total**	**6956**	**5118**	**1380**	**84**	**292**
大 连	Dalian	748	422	90	7	38
宁 波	Ningbo	570	277	48	12	22
厦 门	Xiamen	580	484	536	3	132
青 岛	Qingdao	4483	3580	544	48	87
深 圳	Shenzhen	575	355	162	14	13

9-27 续表 Continued

单位：千元 (1000yuan)

城市	City	促成项目成交总金额 Total Transaction Value of Projects Traded	战略性新兴产业项目成交金额 Transaction Value of Strategic Emerging Industry Projects	公共财政项目成交金额 Transaction Value of Public Financed Projects	国际技术转移项目成交金额 Transaction Value of International Technology Transfer Projects	重大技术转移项目成交金额 Transaction Value of Key Technology Transfer Projects
合 计	**Total**	**9798238**	**6638234**	**1439208**	**927619**	**4310869**
大 连	Dalian	705342	395196	33989	48180	381453
宁 波	Ningbo	607190	188100	87500	24495	283960
厦 门	Xiamen	575907	522300	512046	3000	421555
青 岛	Qingdao	7278375	5127940	651300	770731	2950559
深 圳	Shenzhen	631425	404698	154374	81213	273342

9-28 计划单列市国家技术转移机构服务情况
Service Statistics of National Technology Transfer Centers of the Cities Listed Independently in the State Plan

城　市　City	组织交易活动（次）Number of Trading Activities Organized (item)	组织技术转移培训（次）Number of Technology Transfer Training Organized (item)	服务企业数量（家）Number of Served Enterprises (unit)	解决企业需求（项）Number of Solved Business Needs (item)
合　计　Total	**1104**	**14707**	**89662**	**10146**
大　连　Dalian	267	1070	733	620
宁　波　Ningbo	203	2733	7523	4142
厦　门　Xiamen	40	1174	68120	2375
青　岛　Qingdao	339	7095	5971	2098
深　圳　Shenzhen	255	2635	7315	911

第十部分

全国生产力促进中心

The Tenth Part

Productivity Promotion Centers (PPCS) in China

10-1 全国生产力促进中心主要经济指标

Main Economic Indicators of Productivity Promotion Centers (PPCs) in China

年 份 Year	统计中心总数 (个) Number of Productivity Promotion Centers with Data (unit)	总资产 (亿元) Total Assets (100 million yuan)	服务企业总数 (万个) Total Number of Serviced Enterprises (10000 unit)	中心年总服务收入 (亿元) Total Service Income (100 million yuan)	为企业增加销售额 (亿元) Enterprises Sales Income Increased by PPCs Service (100 million yuan)	增加利税 (亿元) Profits and Taxes Added (100 million yuan)	为社会增加就业 (万人) Employment for Society Added (10000 person)
1998	254	13.5	1.9	2.2	177.0	18.0	5.7
1999	491	17.6	4.9	4.5	155.0	26.7	11.3
2000	581	27.8	3.4	8.9	388.0	57.0	28.0
2001	701	31.2	5.0	11.3	407.0	69.0	34.5
2002	797	61.4	7.8	10.3	300.0	45.0	48.1
2003	977	67.0	6.5	13.6	477.0	66.0	150.2
2004	1099	77.1	9.2	18.7	642.0	88.1	175.3
2005	1193	90.6	9.7	18.4	1078.0	112.0	86.7
2006	1237	109.9	10.3	24.8	752.0	107.0	108.9
2007	1309	116.4	15.5	40.6	1299.0	193.6	110.6
2008	1401	162.5	19.0	30.4	1202.0	175.5	134.1
2009	1635	209.2	24.5	30.8	1796.8	208.2	165.8
2010	1705	157.1	24.5	38.4	1578.6	203.9	165.6
2011	1993	260.8	30.7	62.8	1918.2	284.0	180.0
2012	1935	295.3	38.0	89.0	2535.2	341.7	186.2
2013	2152	351.0	38.7	139.1	5282.8	397.1	193.8
2014	2152	325.0	42.7	68.2	2480.7	447.1	153.8
2015	1982	284.4	44.2	57.6	1794.4	275.0	127.9
2016	1925	293.8	20.7	49.5	1321.8	192.3	109.4
2017	1799	241.2	21.6	51.0	1076.6	150.5	75.2
2018	1515	249.2	21.6	39.0	905.6	129.2	53.0

10-2 各省、自治区、直辖市生产力促进中心基本情况
General Statistics of Productivity Promotion Centers by Region

地　区	Region	入统中心个数（个）Number of Productivity Promotion Centers with Data (unit)	人员总数（人）Number of Employees (person)	总资产（千元）Total Assets (1000 yuan)	政府投入（千元）Govement Investment (1000 yuan)	年总服务收入（千元）Service Income of the Year (1000 yuan)	办公面积（平方米）Office Area (sq.m)
合　计	**Total**	**1515**	**20965**	**24916701**	**1540484**	**3895641**	**1842497**
东部地区	Eastern Region	450	8796	11884414	628052	2734298	1063179
中部地区	Middle Region	393	4982	6630847	387221	683764	364097
西部地区	Western Region	533	5874	5952249	482453	372307	323113
东北地区	Northeast Region	139	1313	449190	42758	105272	92107
北　京	Beijing	2	224	3214469	24693	39931	17000
天　津	Tianjin	61	1040	796877	6647	210335	63936
河　北	Hebei	65	826	429623	27477	159977	14911
山　西	Shanxi	45	354	58516	24871	3844	6259
内蒙古	Inner Mongolia	62	521	291471	28684	18259	21036
辽　宁	Liaoning	22	404	150042	4280	24810	28248
吉　林	Jilin	8	161	79657	18322	20804	5850
黑龙江	Heilongjiang	109	748	219492	20156	59658	58009
上　海	Shanghai	5	94	130146	2000	12916	6526
江　苏	Jiangsu	32	750	977626	132986	58244	36222
浙　江	Zhejiang	59	1153	2212329	24417	240070	92999
安　徽	Anhui	128	1862	2200519	35731	368759	116282
福　建	Fujian	73	796	1144402	97130	67176	32741
江　西	Jiangxi	125	1338	926049	28831	110670	112271
山　东	Shandong	47	478	428770	82995	20948	27194
河　南	Henan	22	346	357375	113556	102634	26782
湖　北	Hubei	51	755	2756596	176610	39871	35888
湖　南	Hunan	22	327	331792	7623	57986	66615
广　东	Guangdong	106	3435	2550171	229706	1924701	771651
广　西	Guangxi	72	689	227688	33300	16469	28096
海　南	Hainan						
重　庆	Chongqing	44	387	237486	89831	14626	36494
四　川	Sichuan	99	800	1929468	45565	64312	29332
贵　州	Guizhou	66	571	618653	37134	42995	31857
云　南	Yunnan	2	62	94200	125113	34199	2510
西　藏	Tibet	2	15	4500			
陕　西	Shaanxi	53	850	1342982	44487	101613	44992
甘　肃	Gansu	80	1166	533449	49082	35710	67119
青　海	Qinghai	4	70	206904	13173	3858	2541
宁　夏	Ningxia	5	90	15141	3142		1345
新　疆	Xinjiang	43	628	426922	11893	38575	55830
新疆兵团	Xinjiang Corps	1	25	23385	1050	1690	1960

10-3 各省、自治区、直辖市生产力促进中心服务情况
Service Statistics of Productivity Promotion Centers By Region

地 区	Region	咨询服务项次（项次）Consultation Service (item time)	提供信息条数（条）Information Provided (piece)	技术服务项次（项次）Technological Service (item time)	培训服务人次（人次）Training Service (person time)	中介服务项次（项次）Intermediary Service (item time)	孵化企业服务（个）Incubation Service (unit)
合 计	**Total**	**86036**	**9078642**	**470228**	**1437917**	**16698**	**22308**
东部地区	Eastern Region	31128	4213858	447322	565188	4433	6028
中部地区	Middle Region	22438	2730051	12242	248883	5956	3347
西部地区	Western Region	25314	1934100	8161	432403	4463	10736
东北地区	Northeast Region	7156	200633	2503	191443	1846	2197
北 京	Beijing	25	278450	7	11467	10	4
天 津	Tianjin	5031	117807	1162	18956	1267	1540
河 北	Hebei	4097	274112	1959	39185	1840	983
山 西	Shanxi	1368	46269	134	19076	79	94
内 蒙 古	Inner Mongolia	1162	417590	348	18558	282	227
辽 宁	Liaoning	1533	109646	532	8220	524	438
吉 林	Jilin	3839	17630	1018	6527	1285	1105
黑 龙 江	Heilongjiang	1784	73357	953	176696	37	654
上 海	Shanghai	6	70	20	1070		
江 苏	Jiangsu	6886	263328	1847	29218	613	1464
浙 江	Zhejiang	1068	1545703	2173	23561	174	859
安 徽	Anhui	11457	303851	4638	68669	3737	954
福 建	Fujian	1416	966038	1011	55254	124	454
江 西	Jiangxi	3733	139803	1434	42833	835	972
山 东	Shandong	1345	486919	2323	293190	124	322
河 南	Henan	2459	1958433	3618	89902	323	362
湖 北	Hubei	2314	271273	1585	19544	421	409
湖 南	Hunan	1107	10422	833	8859	561	556
广 东	Guangdong	11254	281431	436820	93287	281	402
广 西	Guangxi	1469	842685	209	30992	96	299
海 南	Hainan						
重 庆	Chongqing	4497	265400	312	13242	1636	5512
四 川	Sichuan	10311	130406	2163	62998	1235	3112
贵 州	Guizhou	2742	30496	612	18848	167	347
云 南	Yunnan	585	3338	271	3705	132	195
西 藏	Tibet				477		
陕 西	Shaanxi	2251	171838	2412	212815	164	341
甘 肃	Gansu	1220	46258	672	42534	480	295
青 海	Qinghai	255	1859	1	2324		60
宁 夏	Ningxia	18	252	5	1460	2	23
新 疆	Xinjiang	473	23438	892	23395	147	259
新疆兵团	Xinjiang Corps	331	540	264	1055	122	66

10-4 各省、自治区、直辖市生产力促进中心人员情况

Personnel Statistics of Productivity Promotion Centers by Region

单位：人 (person)

地 区	Region	人员数 Number of Employees	博士 Doctor	硕士 Master	学士 Bachelor	大专及以上 College and Higher Level
合 计	**Total**	**20965**	**565**	**3274**	**10660**	**19846**
东部地区	Eastern Region	8796	298	1663	4542	8250
中部地区	Middle Region	4982	128	692	2486	4768
西部地区	Western Region	5874	94	676	2880	5550
东北地区	Northeast Region	1313	45	243	752	1278
北 京	Beijing	224	26	69	122	220
天 津	Tianjin	1040	18	192	583	996
河 北	Hebei	826	6	54	463	770
山 西	Shanxi	354	2	30	176	336
内蒙古	Inner Mongolia	521	26	65	228	489
辽 宁	Liaoning	404	17	122	228	400
吉 林	Jilin	161	7	26	96	157
黑龙江	Heilongjiang	748	21	95	428	721
上 海	Shanghai	94	1	29	55	93
江 苏	Jiangsu	750	9	201	413	725
浙 江	Zhejiang	1153	57	194	503	1006
安 徽	Anhui	1862	25	216	994	1782
福 建	Fujian	796	20	84	399	736
江 西	Jiangxi	1338	56	192	587	1276
山 东	Shandong	478	6	94	224	455
河 南	Henan	346	6	35	195	331
湖 北	Hubei	755	36	175	337	732
湖 南	Hunan	327	3	44	197	311
广 东	Guangdong	3435	155	746	1780	3249
广 西	Guangxi	689	2	74	285	624
海 南	Hainan					
重 庆	Chongqing	387	4	61	201	373
四 川	Sichuan	800	15	102	364	773
贵 州	Guizhou	571	1	44	349	539
云 南	Yunnan	62		12	46	61
西 藏	Tibet	15		5	6	14
陕 西	Shaanxi	850	14	84	432	792
甘 肃	Gansu	1166	23	137	538	1102
青 海	Qinghai	70		6	53	66
宁 夏	Ningxia	90	1	27	24	90
新 疆	Xinjiang	628	7	58	346	603
新疆兵团	Xinjiang Corps	25	1	1	8	24

10-5 各省、自治区、直辖市生产力促进中心服务业绩情况

Service Achievements of Productivity Promotion Centers by Region

地区	Region	服务企业数量（个）Number of Enterprises Served (unit)	为企业增加销售额（千元）Enterprises Sales Income Increased by PPCs Service (1000 yuan)	增加利税（千元）Profits and Taxes Added (1000 yuan)	为社会增加就业（人）Employ-ment Added (person)	中心总服务收入（千元）Total Service Income (1000 yuan)
合计	**Total**	**216446**	**90560115**	**12917584**	**530154**	**3895641**
东部地区	Eastern Region	110635	32401408	3838526	159765	2734298
中部地区	Middle Region	40180	39782766	5092134	254176	683764
西部地区	Western Region	52754	15219120	2363308	104897	372307
东北地区	Northeast Region	12877	3156821	1623617	11316	105272
北京	Beijing	94	56000	17300	7240	39931
天津	Tianjin	14914	3074450	555526	13850	210335
河北	Hebei	6004	3821475	264682	27122	159977
山西	Shanxi	3964	88576	7870	2913	3844
内蒙古	Inner Mongolia	4965	418701	170794	6034	18259
辽宁	Liaoning	4042	763085	1346394	3303	24810
吉林	Jilin	2939	1413710	165197	5236	20804
黑龙江	Heilongjiang	5896	980026	112026	2777	59658
上海	Shanghai	25				12916
江苏	Jiangsu	23312	16996018	2136837	26459	58244
浙江	Zhejiang	10043	3143162	417451	20861	240070
安徽	Anhui	17342	11182783	1537113	82912	368759
福建	Fujian	4421	3184080	222711	47936	67176
江西	Jiangxi	5699	13266019	1399673	58740	110670
山东	Shandong	4162	682670	112853	8372	20948
河南	Henan	5514	5867578	951655	84446	102634
湖北	Hubei	4078	8779932	1146354	20160	39871
湖南	Hunan	3583	597878	49469	5005	57986
广东	Guangdong	47660	1443552	111166	7925	1924701
广西	Guangxi	2205	380208	36517	3405	16469
海南	Hainan					
重庆	Chongqing	9298	2949204	425282	7086	14626
四川	Sichuan	11201	8055453	1289792	43812	64312
贵州	Guizhou	5278	996241	144470	7440	42995
云南	Yunnan	1012	471577	46020	593	34199
西藏	Tibet	107				
陕西	Shaanxi	11559	961534	76292	20874	101613
甘肃	Gansu	2101	392947	37644	5972	35710
青海	Qinghai	580	43760	79770	624	3858
宁夏	Ningxia	197	272	34	129	
新疆	Xinjiang	3379	505581	48159	6677	38575
新疆兵团	Xinjiang Corps	872	43643	8534	2251	1690

10-6 各省、自治区、直辖市国家级示范生产力促进中心基本情况

General Statistics of State Level Model Productivity Promotion Centers by Region

地　区	Region	入统中心个数（个）Number of Productivity Promotion Centers with Data (unit)	人员总数（人）Number of Employees (person)	总资产（千元）Total Assets (1000 yuan)	政府投入（千元）Govement Investment (1000 yuan)	年总服务收入（千元）Service Income of the Year (1000 yuan)	办公面积（平方米）Office Area (sq.m)
合　计	**Total**	**203**	**7665**	**10800618**	**973360**	**1079762**	**670362**
东部地区	Eastern Region	73	3441	4295404	333374	569609	348571
中部地区	Middle Region	42	1332	2897896	305125	228889	127557
西部地区	Western Region	65	2103	3347892	295354	178043	147988
东北地区	Northeast Region	23	789	259426	39508	103222	46246
北　京	Beijing	1	18	25685		2310	
天　津	Tianjin	6	144	90001	3424	22154	12695
河　北	Hebei	15	467	401856	15615	118815	9508
山　西	Shanxi	7	180	43604	5003	3728	4785
内蒙古	Inner Mongolia	5	118	127117	22493	3356	16938
辽　宁	Liaoning	9	326	147733	4280	24730	27633
吉　林	Jilin	2	104	60049	15602	20804	4865
黑龙江	Heilongjiang	12	359	51643	19626	57688	13748
上　海	Shanghai	1	1				
江　苏	Jiangsu	17	640	890182	128127	53858	29917
浙　江	Zhejiang	9	441	986317	12960	150576	41441
安　徽	Anhui	7	152	251458	8316	22737	29248
福　建	Fujian	11	447	1019391	88394	56837	21613
江　西	Jiangxi	6	338	68041	4050	19700	13005
山　东	Shandong	7	164	266043	37733	15688	8806
河　南	Henan	10	277	351555	113463	100697	25759
湖　北	Hubei	6	175	1964529	167670	25488	10168
湖　南	Hunan	6	210	218708	6623	56538	44592
广　东	Guangdong	6	1119	615928	47121	149370	224591
广　西	Guangxi	7	263	89175	18368	495	17837
海　南	Hainan						
重　庆	Chongqing	6	159	101899	10461	13398	22612
四　川	Sichuan	7	290	1474295	16781	12117	9580
贵　州	Guizhou	6	122	394657	14656	6079	19136
云　南	Yunnan	2	62	94200	125113	34199	2510
西　藏	Tibet	1	12				
陕　西	Shaanxi	15	528	572426	43661	78529	34557
甘　肃	Gansu	5	159	32008	22791	4290	4845
青　海	Qinghai	2	58	198484	13173	3848	1941
宁　夏	Ningxia	2	73	11049	3142		1200
新　疆	Xinjiang	6	234	229196	3666	20043	14873
新疆兵团	Xinjiang Corps	1	25	23385	1050	1690	1960

10-7 各省、自治区、直辖市国家级示范生产力促进中心服务情况
Service Statistics of State Level Productivity Promotion Centers by Region

地 区	Region	咨询服务项次（项次）Consultation Service (item time)	提供信息条数（条）Information Provided (piece)	技术服务项次（项次）Technological Service (item time)	培训服务人次（人次）Training Service (person time)	中介服务项次（项次）Intermediary Service (item time)	孵化企业服务（个）Incubation Service (unit)
合 计	**Total**	**58397**	**6190536**	**30049**	**899303**	**7078**	**16531**
东部地区	Eastern Region	19856	2084740	14569	417016	2159	3866
中部地区	Middle Region	12799	2173091	8255	130101	2067	1891
西部地区	Western Region	18689	1739230	4922	167928	1019	8627
东北地区	Northeast Region	7053	193475	2303	184258	1833	2147
北 京	Beijing	3	15000	4	180	4	
天 津	Tianjin	2015	6330	608	2893	52	795
河 北	Hebei	3824	250665	1590	29190	1218	500
山 西	Shanxi	1322	42357	108	13264	19	55
内蒙古	Inner Mongolia	425	370551	231	3637	84	151
辽 宁	Liaoning	1530	109646	532	8145	524	437
吉 林	Jilin	3765	11464	998	5960	1280	1094
黑龙江	Heilongjiang	1758	72365	773	170153	29	616
上 海	Shanghai						
江 苏	Jiangsu	6664	221558	1639	16828	487	1384
浙 江	Zhejiang	936	176033	1912	11570	109	731
安 徽	Anhui	3994	62156	1505	6559	498	221
福 建	Fujian	1315	923490	835	45725	82	270
江 西	Jiangxi	2256	94102	797	8617	341	526
山 东	Shandong	1085	454147	2003	275932	26	12
河 南	Henan	2450	1944555	3613	89432	320	360
湖 北	Hubei	1889	21238	1434	6365	338	210
湖 南	Hunan	888	8683	798	5864	551	519
广 东	Guangdong	4014	37517	5978	34698	181	174
广 西	Guangxi	1179	818330	102	6388	15	113
海 南	Hainan						
重 庆	Chongqing	4073	259997	229	4599	197	4769
四 川	Sichuan	6725	76695	843	12937	190	2554
贵 州	Guizhou	2382	23775	543	3532	114	206
云 南	Yunnan	585	3338	271	3705	132	195
西 藏	Tibet				477		
陕 西	Shaanxi	2179	168364	2182	111513	60	310
甘 肃	Gansu	371	7108	233	6760	75	65
青 海	Qinghai	255	1850		2204		59
宁 夏	Ningxia	11	230	5	650	2	8
新 疆	Xinjiang	173	8452	19	10471	28	131
新疆兵团	Xinjiang Corps	331	540	264	1055	122	66

10-8 各省、自治区、直辖市国家级示范生产力促进中心人员情况
Personnel Statistics of State Level Productivity Promotion Centers by Region

单位：人 (person)

地区	Region	人员数 Number of Employees	博士 Doctor	硕士 Master	学士 Bachelor	大专及以上 College and Higher Level
合计	**Total**	**7665**	**144**	**1259**	**4607**	**7314**
东部地区	Eastern Region	3441	74	571	2035	3207
中部地区	Middle Region	1332	8	174	814	1293
西部地区	Western Region	2103	32	322	1274	2038
东北地区	Northeast Region	789	30	192	484	776
北京	Beijing	18	2	10	6	18
天津	Tianjin	144	3	27	81	136
河北	Hebei	467	6	33	319	437
山西	Shanxi	180	2	23	123	176
内蒙古	Inner Mongolia	118		18	78	117
辽宁	Liaoning	326	16	116	177	324
吉林	Jilin	104	7	20	71	104
黑龙江	Heilongjiang	359	7	56	236	348
上海	Shanghai	1			1	1
江苏	Jiangsu	640	9	185	347	619
浙江	Zhejiang	441	16	89	201	371
安徽	Anhui	152	1	13	100	150
福建	Fujian	447	19	64	270	426
江西	Jiangxi	338		51	175	325
山东	Shandong	164	3	35	79	157
河南	Henan	277	2	27	160	265
湖北	Hubei	175	2	29	114	173
湖南	Hunan	210	1	31	142	204
广东	Guangdong	1119	16	128	731	1042
广西	Guangxi	263	1	44	134	249
海南	Hainan					
重庆	Chongqing	159	2	29	93	152
四川	Sichuan	290	14	61	161	284
贵州	Guizhou	122		13	97	121
云南	Yunnan	62		12	46	61
西藏	Tibet	12		4	4	11
陕西	Shaanxi	528	12	62	326	504
甘肃	Gansu	159		14	100	156
青海	Qinghai	58		6	44	57
宁夏	Ningxia	73	1	27	19	73
新疆	Xinjiang	234	1	31	164	229
新疆兵团	Xinjiang Corps	25	1	1	8	24

10-9 各省、自治区、直辖市国家级示范生产力促进中心服务业绩情况
Service Achievements of State Level Productivity Promotion Centers by Region

地区	Region	服务企业数量（个）Number of Enterprises Served (unit)	为企业增加销售额（千元）Enterprises Sales Income Increased by PPCs Service (1000 yuan)	增加利税（千元）Profits and Taxes Added (1000 yuan)	为社会增加就业（人）Employ-ment Added (person)	中心总服务收入（千元）Total Service Income (1000 yuan)
合计	**Total**	**135218**	**52197557**	**7927637**	**266003**	**1079762**
东部地区	Eastern Region	60809	25149965	3151204	71859	569609
中部地区	Middle Region	23157	18060149	2471963	124768	228889
西部地区	Western Region	39029	5845753	684415	58493	178043
东北地区	Northeast Region	12223	3141691	1620055	10883	103222
北京	Beijing	47	3000	300	40	2310
天津	Tianjin	5293	1310546	296776	3658	22154
河北	Hebei	4426	3353859	233444	22416	118815
山西	Shanxi	3736	74056	4125	1666	3728
内蒙古	Inner Mongolia	3650	378962	162462	2854	3356
辽宁	Liaoning	3961	763085	1346394	3303	24730
吉林	Jilin	2866	1411200	165100	5224	20804
黑龙江	Heilongjiang	5396	967406	108561	2356	57688
上海	Shanghai					
江苏	Jiangsu	22319	16472962	2100905	15673	53858
浙江	Zhejiang	8932	1717403	270439	18176	150576
安徽	Anhui	5919	2455590	365900	13319	22737
福建	Fujian	3230	1147560	122040	6005	56837
江西	Jiangxi	2419	2156579	250728	10806	19700
山东	Shandong	3133	317455	63089	2688	15688
河南	Henan	5139	4804858	742685	84118	100697
湖北	Hubei	2574	8067187	1066336	10597	25488
湖南	Hunan	3370	501878	42189	4262	56538
广东	Guangdong	13429	827178	64210	3203	149370
广西	Guangxi	1039	20250	5387	172	495
海南	Hainan					
重庆	Chongqing	7240	285080	25040	927	13398
四川	Sichuan	7651	3097200	180915	21460	12117
贵州	Guizhou	3847	259378	50486	3697	6079
云南	Yunnan	1012	471577	46020	593	34199
西藏	Tibet	104				
陕西	Shaanxi	11030	905429	70488	20071	78529
甘肃	Gansu	618	233410	26055	4385	4290
青海	Qinghai	513	43200	79650	621	3848
宁夏	Ningxia	103	272	34	129	
新疆	Xinjiang	1350	107352	29344	1333	20043
新疆兵团	Xinjiang Corps	872	43643	8534	2251	1690

第十一部分

主要指标解释

The Eleventh Part

Explanatory Notes on Main Indicators

主要指标解释

工业总产值：指工业企业在报告期内生产的以货币形式表现的工业最终产品和提供工业劳务活动的总价值量。由本期生产成品价值、对外加工费收入、自制半成品在制品期末期初差额价值。

本期生产成品价值：指企业在报告期生产，经检验合格的已销售和准备销售的全部工业成品（半成品）价值合计。成品价值中包括企业生产的自制设备及提供给本企业在建工程、其他非工业部门和生活福利部门等单位使用的成品价值，但不包括用订货者来料加工的成品（半成品）价值。

对外加工费收入：指企业在报告期完成的对外承做的工业品加工（包括用订货者来料加工生产）的加工费收入和对外工业品修理作业所收取的加工费收入和对内非工业部门提供的加工修理、设备安装等收入。对外加工费收入中不包括销项税额。

自制半成品在制品期末期初差额价值：为了使工业总产值与工业中间投入中的物耗价值一致，以便同口径地计算工业增加值，规定本指标的计算原则是：凡是企业会计产品成本核算中计算半成品、在制品成本，则工业总产值中必须包括自制半成品在制品期末期初差额价值。反之亦然。

营业收入：指企业经营主要业务和其他业务所确认的收入总额。营业收入合计包括“主营业务收入”和“其他业务收入”。

技术收入：指企业全年用于技术转让、技术承包、技术咨询与服务、技术入股、中试产品收入以及接受外单位委托的科研收入等。

产品销售收入：指企业全年销售全部产成品、自制半成品和提供劳务等所取得的收入。

商品销售收入：指企业销售以出售为目的而购入的非本企业生产产品的销售收入。

实际上缴税费总额：指企业实际上缴的各项税金、特种基金和附加费等。

流动资产：指企业可以在一年内或者超过一年的一个生产周期内变现或者耗用的资产，包括现金及各种存款、短期投资，应收及预付款项、存货等。

年末资产：指企业在报告年末拥有或控制的能以货币计量的经济资源，包括各种财产、债权和其他权利。资产按其流动性（即资产的变现能力和支付能力）划分为：流动资产、长期投资、固定资产、无形资产、递延资产和其他资产。

年末负债：按会计报表的流动负债与长期负债之和填写。

年末从业人员数：指在报告期末，在企业中从事劳动并取得劳动报酬或经营收入的全部劳动力。

科技活动人员合计：指企业内部直接参加科技项目以及项目的管理人员和直接服务的人员。不包括全年累计从事科技活动时间不足制度工作时间 10%的人员。

科技活动经费内部支出：指报告年内用于科技活动的实际支出，包括劳务费、科研业务费、科研管理费，非基建投资构建的固定资产、科研基建支出以及其他用于科技活动的支出。不包括生产性活动支出、归还贷款支出及转拨外单位支出。反映科技投入实际完成情况。

R&D 经费内部支出：指调查单位在报告年度用于内部开展 R&D 活动的实际支出。包括用于 R&D 项目（课题）活动的直接支出，以及间接用于 R&D 活动的管理费、服务费、与 R&D 有关的基本建设支出以及外协加工费等。不包括生产性活动支出、归还贷款支出以及与外单位合作或委托外单位进行 R&D 活动而转拨给对方的经费支出。

发明专利：指对产品、方法或者其改进所提出的新的技术方案。是国际通行的反映拥有自主知识产权技术的核心指标。

实用新型：指对产品的形状、构造或者其结合所提出的适于实用的新的技术方案。反映具有一定技术含量的技术成果情况。

外观设计：指对产品的形状、图案、色彩或者其结合所作出的富有美感并适于工业上应用的新设计。反映拥有自主知识产权的外观设计成果情况。

Explanatory Notes On Main Indicators

Gross Industrial Output Value refers to the total volume of final industrial products produced and industrial services provided during a given period in monetary terms. Gross industrial output value is composed of value of the finished products during the reference period, income from processing for external parties, and value of change in semi-finished products between the end and the beginning of the reference period.

Value of finished products during the reference period refers to the value of all finished (semi-finished) industrial products that are produced during the reference period, checked for acceptance, and sold or ready to sell, including the value of own-produced equipment and the value of products provided to the projects under construction of the enterprise, and to other non-industrial or welfare units, but excluding the value of finished products (semi-finished products) that are produced using the materials from the clients who place the orders.

Income from external processing refers to income from contracted external processing of industrial products (including processing of industrial products using materials from the clients), the income from industrial repairing work provided to other parties, and income from processing, repairing, installation of equipment provided to non-industrial units within the enterprises. Income from external processing does not include value-added tax.

Value of change in semi-finished products between the end and the beginning of the reference period is calculated according to the principle that if the enterprise accounting includes the cost of semi-finished products, then the value of change should be included in the gross industrial output value, and vice versa. This is to keep the value of goods consumption of gross industrial output value and that of industrial intermediate inputs the same, so that the industrial added value is calculated in the same caliber.

Operating Revenue refers to the sum of various incomes from main business and other operations. It is consisted of "revenue from principal business" and "revenue from other business".

Technology Income refers to income of enterprises from technology transfer, technology contract, technology consultation and service, technology investment, pilot product sale and income from scientific research entrusted by other units over the year.

Income of Product Sales refers to income from sales of all finished products, self-made semi-finished products and income of services provided by enterprises over the year.

Income of Commodity Sales refers to sales income from products purchased by enterprises for the purpose of sale and not produced by enterprises themselves.

Total Taxes and Fees Actually Submitted refer to various taxes, special funds and extra charges actually submitted by enterprises.

Current Assets refer to assets that can be cashed or disposed of in one year or one production period of more than one year, including cash and various deposits, short-term investment, accounts receivable or in advance payment, and inventory etc.

Assets by the End of Year refer to the economic resources that can be calculated in monetary terms held or controlled by enterprises by the end of the reference year, including property in various forms, creditor's rights and other rights. Assets are divided into the following categories according to its liquidity (i. e., cashability and capacity to pay): current assets, long-term investments, fixed assets, intangible assets, deferred assets and other assets.

Liabilities by the End of Year refers to the sum of current liabilities and long-term liabilities in the financial statement.

Number of Employed Personnel by the End of Year refers to the number of all the labor force who is engaged in gainful employment in tenant enterprises and thus receive remuneration payment or earn business income by the end of the reference year.

Total Number of Personnel Engaged in Science and Technology Activities refers to the number of personnel in the enterprises who are directly engaged in implementation of S&T projects or management of and direct services to the projects. Excluding the personnel who commit less than 10% of their work time to S&T activities accumulatively over the year.

Intramural Expenditures on Science and Technology Activities refer to the real expenditure of surveyed units on their own S&T activities including expenditure on labor, scientific research, management of scientific research, fixed assets excluding capital construction, expenditure on infrastructure for scientific research activities and other expenditure on S&T activities. Excluding the expenditure on production activities, return of loan, and fees transferred to cooperated and entrusted agencies. This indicator reflects the actual completion status of S&T input.

Intramural Expenditure of Funds on R&D refers to the real expenditure of surveyed units on their own R&D activities including direct expenditure on R&D activities in projects, indirect expenditure of management and services on R&D activities, expenditure on capital construction and material processing by others. Excluding the expenditure on production activities, return of loan, and fees transferred to cooperated and entrusted agencies on R&D activities.

Patented Inventions refer to new technical proposals to the products or methods or their modifications. This is universal core indicator reflecting the technologies with independent intellectual property.

Patented Utility Models refer to the practical and new technical proposals on the shape and structure of the product or the combination of both. This indicator reflects the condition of technical results with certain technical content.

Designs refer to the aesthetics and industrially applicable new designs for the shape, pattern and color of the product, or their combinations. This indicator reflects the appearance design achievements with independent intellectual property.